「不思議な会社」に不思議なんてない

島根電工株式会社
代表取締役社長
荒木恭司

あさ出版

はじめに

県民所得ブービー県で営業する会社が、こんなに元気なのはなぜか。

～できっこないことが現実になる～

島根電工グループの本社がある島根県松江市は、宍道湖《しんじこ》を囲む豊かな自然と、山陰ののどかな風景が広がっています。

町の中央を流れる堀川には、昔ながらの和舟を模した遊覧船が観光客を乗せて行き交い、堀ばたに咲いた桜がはらはらとピンクの花びらを散らせています。

当社を訪れるお客さま方はみな一様に「素敵なところですね」とおっしゃいます。でも一見するとのどかなこの地域は、人口の流出と産業の衰退に歯止めがかからない厳しい経済環境に置かれているのです。

本社がある島根県は、内閣府が公表している「平成二七年度県民経済計算暫定版」（平成三〇年八月三一日現在）で県民所得が全国下から二番目の四六位になっています。隣の鳥取県は最下位の四七位。しかもこの二県は人口流出が続いていて、島根県は六七万人、鳥取県は五六万人と、両方あわせても一三〇万人弱の人口しかありません。

東京でいえば、大田区と杉並区を合わせたほどの人数しかいないのです。

島根電工グループはこの二県を主に営業エリアにしていますから、経済状況といい、立地といい、最悪といってもいい環境かもしれません。

しかも島根電工の業種は建設業という不況業種です。

公共事業はどんどん減り、とてもじゃありませんが、元気になりようがない会社といってもいいでしょう。

そんな会社が、毎年のように業績を伸ばしているとしたら、はたして信じていただけるでしょうか。

よく周りから言われます。

「不思議な会社ですね」と。

島根電工グループのここ一〇年の直近の売上をあげてみると、建設業冬の時代といわれた平成一九年で一一〇億、平成二四年で一二五億、二八年は一六五億に達しています。この売上は建設業が好景気にわいていたバブルのときの売上より多いのです。

ちなみにバブル時の平成二年のグループの売上は八三億でした。単純に比較してみると、今はバブルのときの約二倍も売り上げています。

人口たった一三〇万人、県民所得最下位エリアでバブル期の二倍の一六五億円を売上げる！　しかも数字はどんどん伸びていって、来期はもうこれ以上、仕事はこなくていいというくらいの予測がたっています。

どうして、そんなことが可能になったのでしょうか。

何も当社が特別な会社だったからではありません。島根電工グループはどこにでもある地方のありふれた設備工事の会社です。

そんな会社が、衰退する所得ブービーの地方都市でなぜこれほど元気でいられるのか。

これからそのお話をしてみたいと思います。

平成26年10月に新築された島根電工本社ビル。内部はバリアフリー化され、障害者対応もされている。

目次

第1章 期待を超える感動を!

第2章 「お客さまを感動させる」社員を育てる

第3章
変化に即応した会社だけが生き残る

第4章
やはり一番大切なのは「社員」

第5章

島根から全国に元気を！

Column

第1章

期待を超える感動を！

小口工事の七割が五万円以下。「おたすけ隊」で年間七〇億円！

♪たすけたい、たすけたい、あなたの住まいをたすけたい

作業着姿の若者たちが「たすけたい」と歌いながら、一列になって行進していくCM。島根県にきた人は、この変わったテレビCMを一度は目にすることになるでしょう。

「住まいのおたすけ隊」のCMは島根県と鳥取県の一部限定で流されている、きわめてローカルなものです。両県下では知らない人がいないほど有名ですが、全国的にはほとんど知られていません。

ＣＭに登場する若者たちはみな自社の社員です。私が社員たちに頼んで、ＣＭに出てもらいました。素人っぽい野暮ったさが逆に注意を引きつけるのか、一度見たら忘れないとよく言われます。

「住まいのおたすけ隊」は一般家庭向けに、コンセント一個から小口の工事を引き受けるサービスのことで、島根電工グループが二〇〇一年から展開しています。

テレビＣＭを流し始めたのは二〇〇六年からですが、そのおかげで認知度が高まり、受注は年々うなぎのぼりです。

小口工事件数の七割が五万円以下の受注であるにもかかわらず、今では小口工事とお客さまにとってプラスになる御提案工事だけで年間七〇億円を超え、グループ全体の総売上一六五億円の四五％を占めるまでになっています。この二種類の工事が中心で七〇億！　多くは個人宅の工事ですから、いかに一般家庭からのニーズが多いかがわかります。

かつて島根電工グループは、ほかの設備業者同様、大型の公共事業やゼネコンの工事が中心でした。

しかし大型案件頼みの事業は景気の影響をまともに受けてしまいます。とくに橋本・

小泉内閣の発足以降は、公共工事が激減し、建設業界には不況の嵐が吹き荒れました。

ダンピングが始まり、工事を引き受けても、赤字ということも珍しくなくなってしまったのです。一億円の大型案件を取ってきても、一〇〇〇万円の赤字が出たら意味がありません。

このまま公共工事やゼネコンの大型工事に依存していては将来は危ない、という危機感から始めたのが、一般家庭を対象にした「住まいのおたすけ隊」の事業でした。

当初はわずか一億六〇〇〇万円の売上しかありませんでしたが、テレビCMを打ってからは順調に売上を伸ばしています。

一般家庭から請け負う工事なら、間にほかの企業が入りませんから、確実に利益が上がります。

しかも最初はコンセント一個の小口工事で訪問しても、「ついでにあそこも直してもらおうかしら」「今度リフォームするときはお宅に頼むわね」「お宅によくしていただいたから、お客さんを紹介するわ」と派生的に仕事が増えていくメリットもあります。

しかしそうなるためには、お客さまから「次も頼もう」と思ってもらえるサービスを提供しなければいけません。ちょっとした一〇〇〇円の工事を頼んだお客さまが「もう二度とあそこには頼まない」と思ってしまったら、そのお客さまとは一〇〇〇円のつきあいで終わってしまうのです。

そうならないために、「住まいのおたすけ隊」の社員はつねに最高の顧客満足を追求しています。

お客さまのために、お客さまが幸せになってもらうために、お客さまが本当に欲しがるものを、お客さまが気づく前に、提案する。そこに感動が生まれます。

「私たちは建設業ではなく、サービス業だ」

このアイデンティティが、島根電工グループの「おたすけ隊」の大きな支柱となっているのです。

テレビで流されている「住まいのおたすけ隊」のCM。
「♪たすけたい」のフレーズとともに自社社員が登場。

設備工事屋ではない。我々は顧客に快適な環境を提供するサービス業。

設備工事を事業主体とする島根電工グループがなぜ「サービス業」なのでしょうか。建築業とサービス業。

およそかけ離れたイメージがあるこのふたつが私の頭の中で結びついたのは、まだ三〇代の後半、出雲営業所の営業所長を務めている頃でした。

当時、私は売上が低迷する出雲営業所の立て直しに必死でした。社内最年少の営業所長に任命された私は、その責任をまっとうすべく日々格闘していました。

その頃読んだ一冊の本が私に、ひとすじの道を示してくれたのです。その本とはスカンジナビア航空の社長だったヤン・カールソンが書いた『真実の瞬間』です。

ヤン・カールソンは三九歳のとき、スカンジナビア航空の社長に就任します。そして倒産寸前だったスカンジナビア航空の業績をたった一年で回復させてしまうのです。彼がとった戦略は、顧客に対する「感動的なサービス」の提供でした。

それまで航空会社は運輸業である、というのが一般的な認識でした。

航空会社で働く人間は、誰もが飛行機を飛ばすことが仕事だと思ってきました。要するに航空会社は「飛行機」という資源を運用して利益を生み出す装置産業だったわけです。

でも顧客にとってはそうではありません。飛行機を利用する顧客が求めていたのは、旅のスケジュールに合わせた利便性やホスピタリティあふれる接客、快適な空の旅など、心地よい旅行ニーズを満たしてくれるサービスだったのです。

私も出張で新幹線をよく使いますが、ＪＲ各社によってサービスが全然違うのに驚くことがあります。

どこの会社がどうとは申し上げませんが、自分たちがサービス業であることを自覚せず、まるで乗客を荷物のように扱う会社もあります。彼らにとって鉄道はサービス業ではなく、運輸業のままなのでしょう。

でも乗客が求めているのは、運送ではなく楽しさや快適な旅行というニーズです。お金を払うのは荷物ではなく顧客なのですから、顧客のニーズに応えるサービスを行うのは当然です。

スカンジナビア航空ではこんなエピソードもあるそうです。

あるお客さまが空港のカウンターで航空券をホテルに置き忘れたことに気がつきました。あわてるお客さまにスカンジナビア航空のカウンターの社員はにっこり微笑んで、

「大丈夫です。私どもで手配します」

と答えると、仮の航空券をその場で発行。

すぐさまホテルに電話して、部屋に置き忘れた航空券があることを確認すると、社員をホテルに向かわせました。

そして乗客が飛び立つ前に、航空券は無事、本人の手元に届いたというのです。その乗客が以後、飛行機に乗るときは迷うことなくスカンジナビア航空を指定するようになったのは言うまでもありません。

スカンジナビア航空は運輸業からサービス業に大きく転換したことで、他社との差別化に成功。

顧客の圧倒的な支持を得て、業績をV字回復させたのでした。

ひるがえって、私は自分たちの事業について考えてみました。

お客さまが設備工事を頼むのは快適な環境を求めているからです。私たちが存在する意味は快適な環境をつくること。

つまり私たちが何のための会社なのかというと、顧客に快適な環境を提供するサービス業なのです。

ですから、ただ図面通り配管すればいい、建築屋さんに言われた通り電気を通せばいい、のではありません。

そこで働いたり、生活する人が「ここにコンセントがあって便利になった」「この部屋にエアコンを入れて、能率があがるようになった」と喜んでくれるような快適な環境を提供するのが私たちの仕事です。

後述しますが、私は出雲営業所時代、本社が出雲市にないという理由で大型の仕事がもらえる自治体や地元工務店との取引ができませんでした。やむなく一般企業や一般家庭などエンドユーザーへの直接営業に活路を求めました。

そして、スカンジナビア航空のヤン・カールソンの本を読んで、エンドユーザーである彼らのニーズに応えることこそが、島根電工グループが生き残る道だと思うようになったのです。

すなわち、建設業からサービス業への発想の転換です。

この考え方は、会社の中でなかなか受け入れられませんでした。長い間、建設業界で巨大なビルや建造物の建設にたずさわってきた会社にとって、一般家庭のコンセントを取りつけるちっぽけな仕事など、まるで話にもならなかったからです。

私は出雲営業所で実績を積み、本社に戻ってからも少人数からでしたが協力を得ながら、少しずつ社内を改革していきました。

そしてようやく「住まいのおたすけ隊」として、建設業とサービス業を合体させた事業を創り出すことができたのです。

今後、設備工事はますます減っていくことが予想されます。

以前は各部屋ごとに電話線の配線をしなければ、電話やパソコンはつながりませんでしたが、今はもう配線工事をしなくても、携帯電話や無線ＬＡＮでみんなつながる世の中になりました。

そのうち照明器具や家電も配線がいらなくなるかもしれません。もっと先の未来になったら、宇宙で発電して、地球に直接エネルギーを送るシステムが開発される時代になるかもしれません。

そうなったら、配管も配線も工事はいらなくなるでしょう。

設備工事がいずれ必要なくなったとき、私たちが今のままの工事会社でいたのでは、生き残っていけません。

そのとき私たちが何をもって顧客から必要とされる存在になれるのか。

これはもうモノを売るのではなくコトを売る。快適な環境を提供するサービス業しかありません。

たとえ設備工事がなくなっても、快適な環境を提供するサービス業は残ります。

私たちはそのサービス業をめざすのです。

そこに島根電工グループのような、われわれ設備業者が生き残る道が見えてきます。

お客さまさえ気づかないニーズの掘り起こしが「期待を超える感動」に。

顧客ニーズに応えるサービス、という意味で、スカンジナビア航空のヤン・カールソンの本は私に大きな影響を与えました。もうひとつ、私に影響を与えたものがあります。それがリッツ・カールトンのサービスです。

平成二五年度から島根電工グループでは「期待を超える感動を！」を経営スローガンに掲げています。なぜただの「感動」ではなく、「期待を超える感動」なのか。ここにリッツ・カールトンから受けた大きな影響があるのです。

私がもっとも感動したリッツ・カールトンのエピソードを紹介します。それは営繕係がとった行動とそれに対してホテルオーナーがつぶやいたひと言についての話です。

ある客がリッツのロビーに坐っていました。リッツのロビーはよく考えられていて、こじんまりした広さしかありません。お客さまの様子がすべての位置から見えるように配慮されているからです。

そのロビーに脚立を持った営繕係が蛍光灯の交換にやってきました。するとプールサイドから二人の子どもをつれた若いご婦人がやってくるのが見えました。婦人は廊下に続くドアを開けようとしたのですが、両手は荷物と子どもたちの手を握っていてふさがっています。

営繕係はすぐさま飛んでいってドアを開け、子どもたちに「どう？　プール楽しかった？」と優しく話しかけました。そして彼らをエレベーターまで案内すると、ちゃんと行き先の階のボタンまで押してあげていたのです。

客はたいそう感動しました。客は戻ってきた営繕係を呼び止めて聞いてみました。「今のは君の仕事じゃないだろう。なぜフロントか客室係にやらせようとしなかったんだ？」と。営繕係はにっこり微笑んでこう言いました。

「私の仕事はゲストがリッツにきてよかった、と思ってお帰りいただくことです」

客はますます感動しました。「だからリッツはリピート率が九〇％なんだ」と思ったそうです。後日、その客はリッツのオーナーと会う機会がありました。さっそく先日の営繕係のエピソードを伝えたそうです。ところがリッツのオーナーは大きなタメ息をつきながら言いました。

「だから、うちはダメなんだ」と。

客は思わず耳を疑いました。「うちはすごいでしょう」ではなく、「だから、うちはダメなんだ」とは、どういうことなのでしょうか。

リッツのオーナーはこう言いました。

「お客さまがドアのところに行く前に気がついて、ドアを開けて待っていなくてはいけないんですよ。お客さまでさえ気づかないニーズをつかんで提供しなければ、感動は起きないんです。お客さまが『えっ、そこまでやってくれるの』と思ってしまうようなサービスでなければ、感動を生むことはできません」

これがリッツのサービスの神髄です。

たんに期待に応えるだけでは、満足はしても感動は生まれません。

「満足」と「感動」は違うのです。たとえば美味しいと評判のレストランに行って、期待通りに美味しい料理が出てきたら、どうでしょう。

私たちは満足はしますが、感動まではいきません。「やっぱり美味しかったね」と満足して終わりです。「期待を超える感動」が必要なのです。

以前から島根電工グループでは顧客第一主義を経営理念としてきました。その当時、三年間くらいのスローガンは「期待と感動」です。

お客さまが期待する。その期待に応えたらお客さまが感動する。

社員が社長に期待する。その期待に応えたら社員が感動する。

社長が社員に期待する。その期待に応えたら社長が感動する。

これでいいと思ってきたのですが、リッツ・カールトンの本を読んで、それでは不十分だと気がつきました。ただ期待に応えただけでは、お客さまは満足はしますが、感動はしません。

どうしたらお客さまに満足以上の感動を与えることができるのか。

考えた末、当社のスローガンは「期待を超える感動を！」に変えたのです。島根電工グループすべての社員が一人ひとり真剣に考えて、お客さまさえ気づかないニーズを掘り起こしていく。それが期待を超える感動につながっていきます。

「おたすけ隊」とはまさにそうした期待を超える感動を現実に生み出していく役目をになっているのです。

感動すれば、お客さまは少しぐらい高くても喜んで選ぶ。

これからの時代、電気工事なしで誰でも灯りが提供できる時代になるだろうと思います。スーパーに行けば、コンセントやコードや電線なしで点灯する灯りがたくさん売られている。そんな時代になるかもしれません。

現に今も設備工事の市場は以前の半分の規模になっています。

一方、電気工事をする会社は島根県だけで三〇〇社以上もあります。仕事が減ると、当然価格競争になるでしょう。

しかしお客さまは価格だけで業者を選ぶわけではありません。

たとえばA社の社員は無愛想です。ろくに挨拶もせず、工事が終わると、片づけもそこそこに帰ってしまいます。報告もないので、どこがどう直ったのか、状況もよくわかりません。

一方、B社の社員はしっかり挨拶します。行儀もいいし、いつも笑顔だし、約束の時間もきっちり守って、片づけも丁寧です。どんな質問にも笑顔で答えてくれます。仕事のできは両社とも同じだとすると、お客さまは絶対にB社のほうを選びます。「おまえのところは多少高いかもしれないけど、安心できる。やっぱりおまえのところじゃないとダメだわ」

「おたすけ隊」はまさにこのやり方で売上を伸ばしているのです。

こんなエピソードがあります。あるとき本社にお客さまから電話がかかってきました。「おたすけ隊」で訪問した、ある家庭のご主人からです。

何でも、うちの若い社員が暑い中、外で作業をしていたので、「ひと休みして、冷たいお茶でもどうだ」と声をかけたのだそうです。

すると、その社員は汗をふきふきお礼を言いながら、

「少しでも早く取り付けたほうがお客さまが助かると思うので、お気持ちだけいただ

きます」

と、そのまま作業を続けたといいます。

「今どきの若いものは遊んでばかりで、ろくな奴はいないと思っていましたが、お宅の社員のような真面目な青年もいるんですね」

と、感心したようにご主人は話してくれました。そのことだけを伝えたくて、わざわざ電話をくれたそうです。

こんな社員がいれば、お客さまは間違いなく、次からも当社に工事の依頼をしてくれるでしょう。感動すれば、お客さまは値段に関係なく、島根電工グループを選んでくれるに違いありません。

島根電工グループには「現場一〇〇箇所、感動一〇〇箇所」という言葉があります。一〇〇の現場があれば、一〇〇の感動が生まれるように。そのためにお客さまと向き合って、心から信頼される人間になるよう誠意をつくす。島根電工グループはつねにそんな社員を育てようとしています。

価格を下げても、サービスが悪ければ、お客さまはついてきません。期待を超える感動を生み出すサービスが提供できるかどうか。

すべてはここにかかっているのです。

ついでに言わせてもらうと、私は安く買いたたこうとする姿勢が大嫌いです。今の風潮は何でも安いものがいい。安いものを追いかけすぎです。

でも安くて品質が良いものがあったためしはありません。

考えてもみてください。安くするためには必ず何かを削らなくてはならないのです。仕入れ先に無理を言うか、運送業者に泣きついて運賃を削るか、働いている人の賃金を下げるか……。

あなたのご主人がそこで働いているかもしれないのです。そこに材料を納入していたり、そこの貨物を運んでいる会社に勤めているかもしれないのです。

安く買いたたかれたら、その会社では給料もボーナスも出ないでしょう。社員の生活は苦しくなるので、経済は回らなくなります。

安く買いたたいたほうは、得したつもりになっているでしょうが、結局めぐりめぐって、ブーメランのように自分に返ってくるだけです。

安く買いたたいている人は、安く買いたたかれている人です。「安いものがいい」と安売りの土俵の上に乗っかっていると、結局自分で自分のくびをしめることになってしまいます。

クレームの九五%は届かない。「お客さまを恋人と思う」姿勢が大切。

アメリカの市場調査の大手、ギャラップ社の調査によると、飲食店に対するクレームの多くは価格や食事のまずいうまいではなく、店のサービスに対するものだそうです。私もよく牛丼店に入りますが、吉野家であっても、松屋であっても、すき家であっても、味はだいたい一緒に感じます。店の雰囲気や価格も似たようなものです。どこで食べても一緒なのに、「俺はあの店に行く」と決めているのは、やはり店員のサービスが違うからでしょう。

さらにギャラップ社によると、クレームがあっても九五%は何も言わずに黙って去るそうです。文句を言いません。

ですから「うちの会社はクレームがないよ」と言う社長がいたら、要注意です。九五％は黙って去っているだけです。

たとえば私たちがレストランに入ったとします。そこに頭にくるウエーターがいたら、その場で文句を言うのは五％ですから、ほとんどの人は黙っています。でも二度とそのレストランには行きません。

行かないだけならいいのですが、だいたい一人が二〇人に「あの店はやめたほうがいいよ」と言うでしょう。それを聞いた人がまた一〇人に「あの店はやめたほうがいいそうだ」と言うでしょう。実際これくらいの割合で広がっていくそうです。

これはおそろしいことです。ねずみ算式に悪いうわさが広がってしまいます。私たちの会社に直接文句を言ってくれるお客さまはいいのですが、黙って去っていく九五％が怖い存在です。

「この会社には二度と頼まない」と思われないためには、お客さまと直接接する社員のサービスが一番重要なのです。

では、どんなサービスが必要なのか。

私は社員たちに「お客さまを自分の恋人と思え。兄弟と思え」と話しています。もし自分の恋人や兄弟が「電気がつかないからきてほしい」「水道の水がポタポタ落ちて止まらない」「トイレの水があふれた」と言ってきたらどうするでしょうか。何もおいても、すぐ飛んでいくのではないでしょうか。そして「大丈夫だった？」「もう心配ないよ」「すぐ直してあげるからね」と優しい言葉をかけるでしょう。

お客さまも同じです。

お客さまのことを自分の恋人や兄弟だと思えば、自然と優しい振る舞いや言葉かけができるでしょう。

自分の大切な人と同じようにお客さまに接してほしい。そうすれば、親身で心のこもった丁寧なサービスができます。

「お客さまを恋人だと思え」という教育を徹底していたら、現場ではこんなことも起きてきました。

「電気がつかない」と言われて飛んでいったら、スイッチが入っていないだけだった。ポンとスイッチを入れて、終わり。

それだけの仕事でもお金が取れるでしょうか？

ガソリン代を使っていますし、人件費もかかっていますから、商売として考えたら、当然お金はもらいたいところです。

でも恋人が困っていたら、お金は取れますか？

うちの会社では、そこは現場の社員の判断にまかせています。この程度なら、お金はいただけない。現場の社員がそう判断したら、お客さまから修理代をもらわないこともあります。

お客さまに喜んでいただけただけで十分。そんな社員たちの自然な気持ちを、私も尊重したいと思います。

それにお金をいただかなかったら、お客さまは感動して、次に何かあったら、絶対うちに頼むでしょう。

まさに期待を超える感動です。

目先の利益にこだわって、がつがつお金を稼ぐより、〝恋人〟が喜んでくれることを優先する。そのサービス精神がお客さまをファンに取り込み、高いリピート率とクチコミ率につながります。

未来の大きな利益を生むのです。

リピート率九〇%を支えるにはマナー教育の徹底を。

「おたすけ隊」はリピート率九〇%を誇っています。一度「おたすけ隊」に頼んだことがあるお客さまは、九〇%の確率でまた「おたすけ隊」に仕事を依頼します。

なぜ、こんなに高いリピート率が維持できるのかというと、何度も繰り返しているように、当社がお客さまの期待を超えるサービスを提供しているからです。

お客さまが困っていることがあれば、〝恋人〟から呼ばれたように、すぐさま飛んでいって対応します。ときには、お代をいただかないことさえあります。そんな親身の対応に、お客さまに感動していただけることがリピートにつながっています。

高いリピート率を支えるもうひとつの要因は、社員に対するマナー研修の徹底です。お客さまと直接接するのは現場の社員です。フェイス・ツー・フェイスで接する現場社員の印象で、島根電工に対するイメージも大きく変わります。細かいことですが、一般家庭向けの仕事では、こうしたことがとても大切なのです。

たとえば靴を脱いで家に上がるとき、そのまま脱いで上がってしまうのと、ちゃんと玄関口で靴をそろえて上がるのとでは、印象がまったく違います。

ざぶとんを出されたら、いきなりポンと座るのではなく、ざぶとんの右側に一度ひざをついて座り、ひざをずらして座ると、行儀がよく見えます。

ふたつきのお茶を出されたとき、ふたを取ってそのまま置くと、ポタポタ水滴がたれたり、ふたがくるくる回ってしまったりします。でもふたをちょっと茶托《ちゃたく》のところにはさんでおけばスマートです。

こんなささいなことでもお客さまの信用はまったく違ってしまうのです。

挨拶のしかたも重要です。島根電工グループでは「まいどー、こんちは！」ではなく、ちゃんと相手の目をみて、「こんにちは」「おはようございます」と言ってから頭を下げるよう教育しています。

これはお客さま先だけでなく、本社でお客さまをお迎えするときも同様です。うちでは訪問客に対して「いらっしゃいませ」とは言いません。「いらっしゃいませ」と言われたら、何と返事をしていいか、言われたほうは困ってしまいます。「あぁ」というくらいしか言葉が出ません。でも「いらっしゃいませ」ではなくて、「こんにちは」と言えば、相手も「こんにちは」と返事がしやすくなります。

とにかくお客さま先では、明るく、元気な声で、しっかり相手の目を見て、さわやかに「こんにちは」と挨拶する。

お客さまはどう思うかというと、「若いのになかなかしっかりしている」「真面目そうだ」「これならうちの工事をしっかりやってくれそうだ」となるでしょう。

照明器具をちゃんとつけたり、コンセントをまっすぐに取り付けることは、どの工事業者でもできるでしょう。でもさわやかに挨拶できる、お行儀のいい若者がきたら、そちらに頼みたくなるのは当然です。

「おたすけ隊」が高いリピート率を誇る背景には、こんな仕掛けもあるのです。

もっとも、うちの社員たちはお行儀がよすぎて、こんな困ったことも起きてしまいます。あるお客さまからクレームが入ったのです。

「お宅の社員がホームセンターの駐車場で、ズボンのポケットに手をつっこんで歩いてましたよ。コマーシャルでさわやかなイメージを流しているのに、あれはウソなんですか」

これには私もまいりました。冬で寒いときでしたから、社員もポケットに手を入れて歩いていたのでしょう。お客さまがいないところでも、いつでも、どこでも品行方正が求められるのだとしたら、うちの社員も大変です。

それだけ「おたすけ隊」が注目されているのだし、お客さまがうちに求めるレベルも上がっているのです。これはいいことだと、前向きにとらえることにして、社内にいっせいメールを流して「気をつけるように」と注意を促しました。

バラエティに富む研修が特徴の島根電工グループ。
マナー研修のほかに宍道湖でカッターを漕ぐ訓練も。

独自開発「サットくん」。お客さまの要望に即座に対応。

ところで、「おたすけ隊」の隊員は「サットくん」という端末を持ち歩いています。この端末は、これ一台で見積書から施工内訳、請求書発行、集金までできるというすぐれものです。

当社が独自に開発したものですが、これによってお客さまの利便性も格段にアップしました。

今まではお客さまから「照明器具を交換したい」などといった注文の電話が入ると、営業がカタログを持って、訪問し、お客さまの要望をお聞きします。

そして営業は会社に戻って、見積書を作成し、後日お客さまに届けるのですが、お客さまから「え〜、こんなに高いの」ということになって、また見積もりをやり直すということが三、四回繰り返されるのです。

そうこうしているうちに、時間がたってしまって、お客さまの気持ちも盛り下がってしまい、「もういいや」ということになったりします。

「照明器具を新しくしたい」というお客さまの要望に、今すぐ応えることができないために、そういうことが起きてしまうのです。

また今までだと、作業員がお客さま宅にうかがって修理をしても、その場で修理代はわかりません。

「後日、請求書をお送りしますから」と言うと、お客さまは「いったいいくら請求されるんだろう」と不安になってしまいます。

そして日ごとに不安がふくらんでいくので、請求書が届くと、たいてい「そんなに高いと思わなかった」という感想になります。やはりお客さまの満足度は十分ではなくなります。

ところがこの「サットくん」を導入してからは、お客さまの要望にその場で応えられるようになりました。お客さま宅を訪問するさい、「サットくん」を持っていけば、その場で見積もりや工事の内訳が出ます。

「工事の内訳はこうなって、金額はこうなります。これにあれを追加するとこうなります」

などとすぐ提示できるので、お客さまはそれを見て判断ができるわけです。代金がわかれば、その場で「お願いします」となって、作業を終わらせ、お客さまによってはすぐにお金をお支払いいただくこともあります。

すると請求書が同時に出て、その場で集金まで完了し、一回の訪問ですべての仕事を終えることができます。

「サットくん」以外にも、「おたすけｎｅｔ」という情報システムが顧客管理を支えています。顧客について過去の施工記録はすべてデータ化されているので、「温水器の調子が悪い」という電話がかかってきても、すぐさま温水器のメーカーや型番、設置日時がわかるようになっています。

それだけでなく、その家の所在地や地図も表示されるので、すぐに対応ができます。格段に使い勝手がいい「サットくん」がお客さまの満足度に貢献しているのはいうまでもありません。

Column

社員の声①

社長の引き出しの多さに学ぶことが多いです。

〈入社23年目・女性管理職〉

――女性管理職のやりがいは？

島根電工グループには女性が38名いて管理職は私も含めて4名です。

私は課長代理（※営業所では課長級）として本社の営業のとりまとめを担当しています。昔から総合職、一般職の区別はありませんでしたので、女性でもやる気があればどんどんチャンスを与えてくれました。

私も転勤や部署異動を経験し、キャリアを積むことができました。若いうちは能力を広げるチャンスをもらい、キャリアを重ねてからはそれを深めることができたように思います。

――社長の尊敬できる点は？

感性が鋭いことと、引き出しの多さです。

私たちが気がつかないことでも、相手の気持ちを考えて、意見を引き出すので、いつも感心しています。美的な感性も鋭くて、「この部屋にはこの絵が合うね」とおっしゃった通りにその絵を飾ってみると、本当に絵が際立って見えたりして、そのセンスには脱帽します。

施工者にも営業を。仕事の幅が広がる喜びが、若い社員を成長させる。

「サットくん」を導入してから、現場で施工をする技術専門の社員も見積もりや提案、集金ができるようになりました。

以前はそういう仕事は営業の範疇でしたが、私は施工部隊の技術者にもどんどん仕事をまかせるように仕向けたのです。

最初は経理部門から心配する声があがりました。

「現場の連中はお金を扱ったことがありません。彼らは領収書の書き方や印紙の貼り方だって知りませんよ」

私は「問題ない」と答えました。そんなことは教えればすむことです。すると経理の人間はこんなことも言いました。

「施工の人間は作業をします。その間、集金したお金はどこに置いておくんですか。釣り銭だって必要でしょう。持っているお金を取られたらどうするんですか」

私は答えました。

「お客さまのところの床の間か何かに『ちょっと置かしてください』と置いておけばいいんです。取るお客なんていませんよ。もしいたら、そんなお客とは二度とつきあわなきゃいいんだから」


それでも経理部門の人間は心配だったようです。やはり前例がないことをやるのは勇気が必要です。

私も内心、「施工しかやりたくない。それ以外の仕事はまっぴらだ」と言いだす社員がいるのではないかと危惧していました。でもそんな心配は杞憂に終わりました。営業の仕事もまかされた現場の技術者たちが、前よりもっと生き生きと仕事をするようになったからです。


以前は親方的な人間がいて、若い連中に仕事をふりわけていたのですが、それをやめさせて、仕事を取ってきた人間と、若い施工者たちが自分たちでやるという仕組みに変えたのもよかったと思います。

施工しかしたことがなかった人間がお客さま先に行って、見積もりを出したり、工事の提案をしたり、お金をもらったり、お客さまと打ち合わせもやります。

さらには契約を交わすことさえやってきます。

そういう営業的な仕事は、自分は無理だと思っていたのに、自分でもできるのだ、ということが自信になったのでしょう。みるみる表情が生き生きして、前向きになってきました。

新しい仕事にチャレンジしたり、仕事の幅を広げるのは、確実に人を成長させます。そして喜びになるのです。

施工の人間が、自分が集めたお金を「集金です」と言って経理に渡すときの表情は、はたで見ていてもうれしそうです。今まで、彼らは自分の仕事の対価がよくわからなかった。それが集金というはっきり目に見える形になったので、仕事のやりがいがしっかり実感できたのでしょう。

さらに仕事を創り出す喜びも味わえます。コンセントを取り付ける工事に行って、ついでに「換気扇、古くなってますね。取り替えませんか」と提案する。そこで仕事が発生すると、それは喜びになります。

あるいは「こんなキャンペーンをやっています」と紹介すると、お客さまも便利なものを教えてもらえるとうれしいので、「じゃあ、それ、お願いしようかしら」ということになります。

新規の契約が取れたら本人もうれしいし、便利になるお客さまもうれしい。仕事を創り出す喜びが、着実に人を成長させていくのです。

すると、今度は仕事の面白さに目覚めた現場の人間が「施工ではなく、営業をやりたい」と言い始めました。

そういうことを言い出すのは、たいてい施工の現場でも優秀な若者です。

施工部門の責任者が「頼むから、もうこれ以上、俺のところから優秀な奴を営業に引き抜いていかないでくれ」と泣きついてくる始末です。

仕事の幅を広げ、仕事を創り出す喜びが若い社員を成長させる。今そんないい循環が生まれ始めています。

お客さまの「ありがとう」が社員の喜び。感動はやがて感謝に。

今まで島根電工グループは大きなビルの建設に関わってきました。社員の達成感はそこにありました。私の若い時代には、小さな仕事を取ってくると、「こんな雑仕事を取ってきて」と怒られることさえありました。大口の仕事を取ってくるのがこの仕事のやりがいであり、ステイタスだったのです。

ですから、一般家庭を対象にした小口工事をメインに行うようになったとき、私は若い社員たちがやりがいを感じてくれるだろうかと、少し心配もありました。でも案ずることはありませんでした。

小口工事には大型工事にはないやりがいがあったからです。

「おたすけ隊」にはさまざまな困りごとが持ち込まれます。「ドアがギイギイいうから直してくれ」とか、「電気の球を交換してくれ」とか、なかには「ベランダのゴミを片づけてほしい」とか「吹き抜けにネコがあがって降りられないから助けてほしい」というものもありました。

工事に関係ない依頼もあるので、「社長、どうしましょう?」と社員が聞いてくることもあります。私はみんな「行ってあげなさい」と答えています。

「お客さまは恋人と思え」と言った手前、お客さまが「困っている」と言ってきたら、知らんふりはできません。

それがよかったのだと思います。

「おたすけ隊」が駆けつけると、「きてくれてありがとう」「本当に助かった」とお年寄りや奥さんから、手を握らんばかりに感謝されることがあります。直接言われる、その「ありがとう」が社員たちの喜びに変わっていったのです。

この喜びは大型工事をやっていたときには味わえないものでした。

お客さまが感動して喜んでくれるから、自分たちも頑張る。そんな感動の循環が生まれ始めたのです。

以前、島根電工では、夕方になって社員たちがもう着替えて帰ろうというときにお客さまからの電話があると、みな知らん顔をしてスーッと逃げるようにフェイドアウトしていました。これから作業に行くのがいやだったからです。

でも「おたすけ隊」が始まって、お客さまから頼りにされるようになると、社員たちの姿勢も違ってきました。

電話が鳴ると、「どうした」「どうした」とみんな電話口に集まってきます。そして電話を取った人間が、「電気がつかなくて困っているそうです」と伝えると、「じゃ、俺が行ってくる」とわれ先に飛び出していこうとします。

「ありがとう」と言われるのがうれしいのです。そのうれしさが、社員たちのエネルギーになっています。

私も町のあちこちや会合で声をかけられることが多くなってきました。

「この間、お宅のおたすけ隊にきてもらって、本当に助かったよ」とお礼を言われることもしょっちゅう。居酒屋に行ったら、そこの女性から「お宅は電話をしたらすぐきてくれるから、ほんとすごいわ」と感謝されたこともあります。

そのことを社員に伝えると、社員が喜んで、さらにやる気がアップするのです。

この循環が回っていけば、私はやがて感動が感謝に変わっていくと思っています。今は「期待を超える感動を！」がスローガンですが、この「感動」を「感謝」に変えていく。そうすれば、もう島根電工に勝てる会社はなくなるでしょう。

たとえ経済環境が悪化しても、お客さまを味方につけている会社は生き残れます。島根電工グループがこの先もずっと存続していける会社になるように、そのための基礎づくりをして、正しく会社を引っ張っていける後継者をつくるのが、リーダーである私の役目だと思っています。

各営業所ごとに「感動大賞」をもうけて、お客さまを感動させた社員に月間MVP賞を表彰。受賞者は本社に呼んで、トロフィーと金一封を渡し、その感動話は全社員で共有する（56ページ）

第2章

「お客さまを感動させる」社員を育てる

仕組みがあっても文化がなければ成功しない。

小口のお客さまを対象とする「おたすけ隊」のビジネスモデルは成功をおさめました。でも「このやり方はもうかる」と、仕組みだけを導入しても、決して私たちのように利益を出すことはできないでしょう。

仕組みをつくり、組織をつくり、制度をつくっても、結果は出てきません。何が違うのか。文化です。風土といってもいいでしょう。

そういうものをつくらないと、形だけ真似しても「仏つくって魂入れず」で、お客さまを引きつけることはできません。

お客さまに直接接するのは社員です。その社員が自らの意志で、進んでお客さまが喜んでいただこうとする文化をつくらなければいけません。その文化は一朝一夕でつくられるものではありません。

上司や先輩から伝わる目に見えない教え、職場全体を包む雰囲気、何をもってよしとし、何をもって否とするかという社内の常識、そのほか知らず知らずのうちに身についてしまう立ち居振る舞いや言葉づかいなど、すべてが会社の文化となり、風土となって、無意識のうちに影響を与えます。

会社で働く人間は好むと好まざるとにかかわらず、その空気に染まっていきます。だからこそ、どんな文化をもつかが重要になってくるのです。

島根電工グループがお客さまに期待を超える感動を提供できるとしたら、その要因は制度や仕組みにあるのではなく、感動を喜びとする社員たちがいる会社の風土にあります。

どのようにして、そういう風土をつくりだしたのか。どうやって社員を育てているのか。この章ではその部分についてお話ししたいと思います。

「ヒットをたくさん打つ人間を育てる」監督をつくる。

私は社内で何度もナンバー一になったことがあるバリバリの営業畑の人間ですが、管理職になってからは、私が率先して仕事を取ってくることはありません。

誰かがスーパーマンである必要はないと思っているからです。

スーパーマンのようにものすごい営業マンがいても、その人がやめてしまったら会社は傾いてしまいます。

上に立つ人間がすることとは、自分がスーパーマンになることではなく、ヒットをたくさん打つ人間をつくることです。

そして社長である私の仕事は、「ヒットをたくさん打つ人間をつくる」監督をつくることです。

そうすれば仕事は向こうからどんどんやってきます。たった一三〇万人しかいない所得最下位エリアの島根県・鳥取県で一五五億の工事がやってくるのです。


では「ヒットをたくさん打つ人間」とはどんな社員でしょうか。

それは決して、お客さまからお金をたくさんむしり取ってくる社員ではありません。お客さまを感動させられる社員です。


どうやったら、そんな社員をつくれるのか。

お客さまを感動させるためにはまず社員を感動させなければいけません。

社員自身が感動しなくて、お客さまを感動させることはできないからです。


私は社員全員にリッツ・カールトンの本を読んでもらう「感動研修」を行っています。例の脚立を持った営繕係のエピソードが書かれた本です。

松江の書店では、この本がときどき「今週のトップ一〇」に選ばれますが、何のことはない、うちの社員が買っているからです。

そして休日を利用して、「感動研修」を行っています。

午前中は私が本の解説をします。午後は、社員たち自身がどうすればお客さまを感動させることができるのかについて話し合います。

総務系、営業系・工務系にわけて研修するので、日程は複数日にわたります。私は休日を全部つぶして、研修に立ち会うことになります。

全社員が同じ本を読んで、同じように感動すると、会社は格段に動かしやすくなります。同じ本を共通のベースにして、「感動」というテーマで取り組むので、課題が共有しやすいからです。

「私は挨拶を徹底させます」「人のために何ができるか考え、言われる前に行動します」「お客さま、周囲の人に対し適切な言葉づかいをします」などといった行動目標がどんどん上がってきます。

さらに各営業所ごとに「感動大賞」をもうけて、その月、お客さまを感動させた社員に月間感動MVP賞を出すことに決めました。受賞者は本社に呼んで、トロフィーと金一封を渡し、その感動話は全社員で共有します。

そんなことをしていたら、〝感動話〟がどんどん出てきて、「自分も」「自分も」と社員たちがどんどんお客さまを感動させるようになってきました。感動の輪が広がって、ますます仕事が増えていったのです。

たとえば、ある営業所ではこんな〝感動エピソード〟があります。

もうとっくに就業時間を過ぎてから、あるお客さまから電話がかかってきました。

「トイレがつまって大変なことになってるんです。今すぐ何とかお願いできないでしょうか」

電話口から困っている様子がひしひしと伝わってきました。電話に出た若い社員はその日、大事なデートの約束をしていました。できれば訪問は翌日に回したい。でも今晩いっぱいトイレが使えなかったら、お客さまはきっと困るに違いありません。

「わかりました。すぐ、うかがいます」

修理かばんを持って、彼はすぐ飛び出しました。

依頼者宅の玄関先では途方にくれた老夫婦が彼を待っていました。

「お待たせしました」

暗がりからあらわれた彼の姿を見て、老夫婦は心底、ほっとした表情を浮かべたそうです。彼の姿が老夫婦にはまるでヒーローのように見えたに違いありません。

修理が終わったのは、夜の八時を過ぎていました。大事なデートは流れてしまいましたが、彼はそれ以上の充実感を感じたと、あとで話してくれました。

感動するのはお客さま。でもその背後にはお客さまよりもっと感動している社員自身がいるのです。

そういう経験が社員の宝物になっていきます。

私が、小さな依頼でもお客さまからの頼みごとは引き受けなさいと言っているのは、そのこと自体が、社員の〝宝〟になるからです。

私は島根県の電気工事業協会の会長を引き受けています。会合に出席すると会員の企業からこんなふうに言われます。

「協会長、仕事がくるよう役所に陳情してください」

でも役所に陳情しても、そもそも役所にお金はありません。東京オリンピックや震災復興に国の予算が取られてしまっているので、島根県の田舎のほうまでお金が回ってこないのです。

そんな場所でも、お客さまを感動させることができたら、仕事はちゃんとあるのです。陳情をするより、「お客さまを感動させる社員」をつくること。感動の輪を広げるほうが、着実に仕事は増えていきます。

Column

社員の声②

お客さまに感謝される喜びがやりがいにつながります。

〈入社３年目・営業〉

――お客さまに感謝されてうれしかったことは？

６０代後半のご夫婦のお宅にお邪魔したときです。築年数の古い家で照明も暗く、家全体が沈んだ雰囲気でした。家を建てた工務店からの要望で私がうかがい、照明をＬＥＤに交換することを提案しました。

その場で見積もりを出し、お客さまの予算に合う内容を提案させていただいたところ、すぐに契約していただけました。

工事が終わった後、「家全体が明るくなってうれしい」と感謝されたときは、こちらのほうがうれしくなりました。

――島根電工グループの良い点は？

先輩に何でも聞けることです。悩んでいると、向こうから「何、悩んでるの？」と聞いてくれるので、とても助かりました。

先輩に助けていただいたので、自分が先輩の立場になったとき、後輩に優しく接するよう気をつけました。

学んだこと。〈西部支店／営業・高橋浩明〉

たお客さまのニーズを見つけることができていないからであり、自分が未熟なだけだからお客さまは悪くない」と言われました。「掃除に関しては気づいた人がやればいいし、それがお客さまのためになっているならなおさらいい」とのことでした。また、「こういうお客さまから仕事をいただけたときは何倍も嬉しい」と言っておられました。そんなことを言われてもそのときの私はあまりその気持ちを理解することができませんでした。

そんな私もいろいろなことを経験し、２年目を迎えることとなりました。私にも担当営業先が与えられ一人でお客さまのところへ訪問することが多くなっていきました。私は前述のお客さまのような方を担当することになりました。最初は大変だから嫌だなと感じましたが、先輩社員の話を思い出し、努力を重ねた結果、そのお客さまから仕事を頂くことができました。お客さまからは「いつもありがとう」という言葉をかけて頂きました。そのときの喜び・達成感は今でも忘れることができません。

私はそんな経験ができたことに感謝し、この仕事を一生続け将来的には若者を育て、地域に貢献していきたいと思います。　（一部抜粋）

Column

「感動」作文コンクール　優秀作品①

仕事・職場から

「俺にもできたー！！」

これは電気工事会社に勤めて１年目の後半に仕事を通して私が感じた素直な喜びです。この感動とも思える思いは職場での経験が大きく影響しています。その経験とは、新任営業マンとして先輩に同行しお客さまのところへ訪問したことから始まりました。

そのお客さまは一般的に言うと気難しく倹約家というイメージで、その方に指示されたことの見積もりを作成して持っていってもなかなか、受注に結びつきませんでした。時にはお客さまのためになるであろう提案の見積もりを作成してもそれで終わりという繰り返しでした。訪問した際にちょっとした作業の手伝いをしてただ帰る。そんなことを何回か繰り返すうちに、このお客さまは私に仕事をくれる気がないんだろうなと感じ出していました。

しかし、そんな状況でも一緒にお客さまのところに行く先輩社員の方は違いました。嫌な顔ひとつせず頼まれる手伝いをし受注にならない見積もりを作成しておられました。さらには頼まれてもいないのにもかかわらず玄関のゴミ拾いまでやっておられました。そんな状況をみて私はなんでそこまでこのお客さまに尽くすのかと聞きました。

すると、「見積もりが受注にならないのはまだまだ隠れ

研修にかける お金は 絶対に惜しまない。 人間は一生勉強。

島根電工グループは創業当時から手厚い研修を行う伝統がありました。それは会社にとって「人」が何より大切だという考え方があったからです。

今も島根電工グループでは研修が盛んに行われています。研修の内容は、技術研修やリーダーシップ、マネジメントといったスキルアップに向けたものもありますが、それ以上に力を入れているのが、人間性を養う研修です。

まず新人で入社すると、新入社員全員が二〇日にも及ぶ泊まり込みの研修を受けることになります。この二〇日間は、文字通り、同期と〝同じ釜の飯を食う〟ことになるので、互いの絆がしっかり築けます。

なかには生涯にわたる友人を得る社員も出てきます。

その後も三カ月に一回の頻度で、二泊三日の研修を行って、さらに二〇日間の研修で築いた絆をしっかりとフォローします。つまり最初の一年間だけで泊まりがけの研修が年四回あるというわけです。

二年次、三年次になると、今度は四カ月に一回、二泊三日の研修を行います。こうして入社して最初の三年間だけで計一〇回の研修を行っています。すべて泊まり込みの研修ですから、かなり密度の濃い内容といえましょう。

なお、この三年間の研修では「人生観」や「職業観」「感動を与えること」など、人として、職業人としてどうあるべきかに力点を置いています。

これから社会人として、この会社で充実した人生を送っていくために、どのような人生哲学をもっているかはとても重要だと考えているからです。講師もすべて社内の人間が務めます。

四年次以降も研修は続きます。職種別に「初級営業員研修」「初級施工者研修」「初級総務研修」を行い、これが初級、中級、上級と続いていくわけです。

そして係長あたりになると、管理者研修を受け、この研修を受けたメンバーから課長や部長が生まれるのです。

そのあとは所長研修や役員研修です。

また、以前は、富士山麓に幹部候補生を集めて行う「地獄の特訓」などにも、社員を参加させていました。

でも私がまだ一社員の頃、そういう理不尽な研修は人を成長させないと思い、「頼むからやめてください」と社長にかけあって、やめてもらった経緯があります。

今、役員は外部コンサルタントが主宰する、もっと生産的な研修に参加しています。

とにかく会社に入ったときから、定年で退職するまで、うちではずっと研修が続く仕組みになっています。研修には相当お金をかけているのです。

その理由は、何度も言いますが、「お客さまを感動させられるような」人間力のある社員を育てたいからです。

人は一生学び続けなければなりません。学ぶ姿勢がなければ、謙虚になれない。謙虚になれなければ、お客さまの話に耳を傾けることはできません。

経験を積み、地位が上がれば上がるほど、ますます頭を垂れて教えを乞う。そういう社員でなければ、人を感動させることなどできないのです。

Column

社員の声③

研修を通して成長が実感できる会社です。

〈入社１年目・営業〉

――新人研修の印象は？

入社して20日間、泊まり込みの研修でした。４人１部屋だったので、かなり親しくなれました。その後、それぞれの配属先に散っていきましたが、３カ月後にまた泊まり込みの研修で再会したときは、お互いに話す内容も大人っぽくなっていて、成長したな、と感じました。

――成長が感じられるのはどんなところ？

現場に行って、お客さまが困っている理由がわかったり、解決方法が導き出せるようになったところです。知らないことをどんどん覚えていって、わからないことがわかったときは、成長の喜びを感じます。最近、自分がすすめる照明器具をお客さまが決めてくださったことがあります。うれしかったですね。

――目標は？

“すごい人”になることです。

知識をしっかり身につけ、お客さまからはもちろん、後輩や同僚、先輩たちからも一目置かれて、「あいつはすごいな」と言われる人間になれるよう頑張ります。

部下を研修に行かせないと恥ずかしい……。そういう文化をつくった。

昔から島根電工グループでは研修が盛んだったと言いましたが、そうは言っても以前は忙しくて研修に出られなかったり、部門長によっては「この忙しいときに、なんだ」と研修に出すのを渋る人間もいました。

今はまったくそれがありません。部下を研修に出せないような部門長は能力が足りないという文化ができあがっていったからです。

そういう風潮になっていったのは平成一〇年、一一年ごろからでしょう。当時、景気は悪化し、建設業は厳しい冬の時代を迎えていました。この状況を何とか乗りこえていくために、みんなで考え出したのが行動のコストダウンでした。

私たちの行動にはムダがたくさんあります。そのムダを省いていけば、もっとコストも時間も削減できると考えたのが行動のコストダウン計画の始まりでした。

最初に取り組んだのが在庫の七〇％カットでした。周囲からは「絶対無理だ！」という声があがりましたが、「無理だ」と思っている限り、何も変わりません。「できる」前提で取り組み、仕事のやり方や管理のしかたを抜本的に改めることによって、半年間で七〇％の在庫削減を成功させることができたのです。

それからも、残業をやめて効率的に仕事をする仕組みを考えたり、みんなで工程のムダを省いたり、さまざまな行動のコストダウンに取り組んだところ、経費も時間も大幅に削減することができました。


すると、部門長に対する評価も変わってきました。部下を研修に行かせる時間もつくれないような部門長は行動のコストダウンができていない人間だ、とみなされるようになってきたのです。

たしかに部下の行動をちゃんと管理して、コストダウンをはかっていれば、研修に行かせる時間は十分つくりだせるはずです。

現にそうやって、部下を研修に送り出す部門長はたくさんいるのですから、自分のところでそれができないのは、行動のコストダウンがちゃんとできていない証拠です。それは恥ずかしいことだと、部門長自らが思うように変わってきたのです。

これは会社にとって非常にいいことでした。私がかねがね思っているのですが、会社にスーパーヒーローはいりません。それよりヒットをたくさん打つ人間が必要です。となると、管理職は自分がスーパーヒーローになるのではなく、ヒットを打つ人間をたくさんつくる監督にならなければなりません。

つまり部下を育て、成長させる人間が優秀な部門長になるのです。管理職に対する評価がそういうふうに変わっていったことで、各部門長はこぞって部下を研修に送り出すようになりました。

会社の文化が変わっていったのです。

すると、管理職自身にも変化が生まれました。自分が数字を取ることより、部下が成長することが、部門長の喜びに変わっていったのです。頼りなかった部下がどんどん成長していく。お客さまを喜ばせたり、頼りにされる姿を見ることが、自分のこと以上にうれしいと思う管理職が生まれてきたのです。

人は自分が成長するとうれしいものです。でもそれよりもっとうれしいのは、人を育て、成長させたときです。

部下の成長を喜びとする管理職が生まれ、その管理職に育てられた部下が成長して、お客さまを感動させる。感動したお客さまから感謝されることで、その部下がさらに育って、その成長を見て、管理職がさらなるやりがいと喜びを覚える。

学び、育つことを大切にする企業風土が根付けば、こんなプラスの循環が生まれてきます。

人間教育から技術教育、マネジメント教育まで充実の研修が生涯続く。学ぶことを大切にする社風だ。

後ずさりする山はない。山に登りたかったら、自ら近づいて登っていく。

平成二七年度は三〇人もの初々しい新入社員が入社しました。四月一日、入社式を終えた彼らを待っているのは、二〇日間にも及ぶ新人研修です。

ついこの間まで、学生としてのんびりした生活を送っていた彼らには、この新人研修はかなり大きなカルチャーショックになるに違いありません。

この研修で最初の講義は、社長である私が行います。

テーマは「働くことの意味」や「感動について」。この中で私は、毎年、フランスの哲学者アランの『幸福論』から言葉を引用して、新人たちに幸せに生きることの大切さを教えています。

アランは『幸福論』の中で次のように述べています。

「われわれが欲するものはすべて、山と同じだ。われわれを待っており、逃げて行きはしない。けれども、よじ登らなければならない。」(『幸福論』岩波文庫　神谷幹夫訳)

どういう意味かというと、私たちが山に登ろうとするとき、後ずさりして逃げていく山はありません。反対に山のほうから近づいてくることもありません。山はただそこにあって、じっと私たちが登ってくるのを待っています。

山を「夢」と置き換えてもいいし、「幸福」でも「成功」でも「目標」でもかまいません。とにかくそれはそこにある。でも私たちが自分で登っていかない限り、手に入れることはできません。

「山はそこにあるのに、なぜ登らないのか?」と私は新人たちに問います。「自分で登らなければ、何も手に入らないのだよ」と。

彼らは神妙な顔をして聞いています。

また会社は何のために存在するのか、という話もします。

会社は自分を活かすために存在しています。決してお金のために自分を殺していやいや働く場ではありません。

私たちがめざすのは、お客さまが感動して、幸せになっていただくことです。

そのためにはいい本を読んだり、素晴らしい絵を見たり、美味しい料理を食べたりして、感性を磨くことも大切です。

感じる力をもっているからこそ、お客さまの隠れたニーズを見つけたり、言葉に出せない思いに気づいたりできるのです。鈍感な人間では、お客さまに感動を与えることはできません。


こういう話を新人研修の最初にするわけです。

また二〇日間の研修では、寺で坐禅を組ませたり、宍道湖で一致団結してカッターを漕ぐ訓練も行います。さまざまな体験を通して、柔軟な心と発想を身につけてほしいと思うからです。

やはり最初が肝心です。「鉄は熱いうちに打て」ではありませんが、最初にボタンをかけ違えてしまうと、あとまでずっと引きずってしまいます。

まだ心がやわらかい新人のうちに、働くことの本質や人生の意味を考えてもらって、お客さまに感動を与えられる社員に育ってほしいと思っています。

Column
社員の声④

20日間研修で コミュニケーションも スムーズにいっています。

〈入社１年目・工務〉

――入社の動機は？

テレビで「おたすけ隊」のＣＭを見て、よく知られている会社なので、ここを選びました。

同期は32人います。入社当初はまったく話さない人もいましたが、２０日間の泊まり込み研修を受けて、みんなとても仲良くなれました。各々の部署に配属されてからは困ったことがあると同期同士で相談しています。

――苦労する点は？

現場ではわからないことだらけですが、先輩が１対１で付いてくれるので、フォローしてもらえて助かっています。先日、現場に行ったとき、先輩に「これ、やってもらっていいですか」と頼んだら、笑顔で「いいよ」と言ってもらえて、とてもうれしかったです。先輩、上司ともに尊敬できる方が多いのが、この会社のいいところだと思います。

――目標は？

技能コンクールに出て賞をとることです。

そして全国大会に出て優勝したいですね。

「部下をもつのは面倒くさい」は大間違い。「研修」で管理職は変わる。

お客さまを感動させる社員を育てるには、そういう社員を育てる管理職の役割が重要です。管理職の中には「仕事は自分がやったほうが早い。部下をいちいち育てるのは面倒だ」という人間がいます。

これでは、会社は成長しません。お客さまをファンとして取り込むには、社員一人ひとりがお客さまを感動させる力をもたなければいけないからです。

そこで八年ほど前から、私をはじめ役員が講師となり、次の管理職になる社員を対象にした「管理者研修」というのを始めました。これは実施してみたら、やるほうも、受けるほうも大変な研修でした。

まず参加者には事前に二〇〇〇字の事前課題を書いてもらいます。

部門責任者には「管理者として今まで悩んだことや困ったことはどんなことか。それをどのように解決したか」というテーマで二〇〇〇字。または部門責任者ではない社員には「この研修で何を学びたいのか。それを今後どのように活用したいか」について二〇〇〇字です。研修を受け終わったあとも、感想文を二〇〇〇字、書いてもらいます。計二種類の四〇〇〇字の課題を提出するのです。

文章を書き慣れていない人は大変です。

とくに研修を受ける前の事前課題は大変らしく、二〇〇〇字と指定してあるのに、数行しか書いてこない人間もいます。もちろん即刻書き直してもらいますが、二回も書き直しさせられた人間もいました。とにかくみんな悪戦苦闘して課題を提出します。

そしてこれを読むほうも大変です。一回の研修は五〇名参加します。五〇名×二種類の課題文がどさっと私のところに回ってきます。これをすべて読むだけでも、かなりのエネルギーが必要です。研修の内容もロールプレイングやグループワークなど、自らの可能性を引き出すような、考えさせる内容がぎっしり詰め込まれています。

管理者研修は年六回コースで、すべて一泊二日です。受けるほうも、受けさせるほうもエネルギーを使う研修ですが、それだけのかいがあるものです。

というのも研修を受け終わったあと、受講者は見違えるように成長しているからです。その軌跡は研修を受けた後の感想文に顕著にあらわれています。

事前課題では数行しか書けなかったり、浅い内容しか書けなかった人間が、驚くほど感動的な感想文を書いてきたりします。

事業所長から「この人間は研修を受けても、たいして効果はないと思います」と〝ダメ印〟のレッテルを貼られてしまった人間でも、とにかく対象者は全員漏らさず受けさせるようにしたところ、研修をうけたあとの成長がめざましいのです。

事業所長もびっくりして「こいつはこんなにすごいものをもっていたんだ」と部下の隠れた能力に驚くこともあります。

人の潜在能力はどんな機会に目覚めるかわかりません。「こいつはダメな奴だ」と決め付けると、そこでその人間の成長は止まります。

でもどんな人間でも可能性を信じてやれば、成長することができます。たとえ定年間近の管理職であっても、ぐんと成長していく。

この世に伸びない人間などいません。成長する喜びが、仕事の喜びになり、お客さまを感動させる仕事へとつながっていくのです。

Column

社員の声⑤

失敗を恐れず挑戦できる会社。従業員満足度も高いです。

〈入社３年目・工務〉

——入社の動機は？

人材育成に力を入れている点と従業員満足度が高い点にひかれました。入社してみて本当にその通りの会社だったと思います。

私は文系学部卒ですが、研修がしっかりしているので、技術系の仕事でもこなせるようになりました。

——島根電工グループのいいところは？

やりたいと言えばやらせてもらえますし、失敗できる会社です。私も失敗したとき、上司が一緒に業者さんのところに謝罪に行ってくれて、しっかりフォローしてくれました。従業員満足が高いので、お客さま満足度も高く、働いていて誇りがもてる会社です。

——目標は？

仕事ができるようになって、早く役職につきたいと思います。

社長は感性が鋭くて、社員一人ひとりをきっちり見ておられる方だと思います。研修を通して、生き方や人生哲学を教わり、たいへん役に立っています。

コースを受講して。〈西部支店／総務課・小畑香織〉

経験・知識・技術力などその差は大きく、同じことを同じように言っても、すべてが正確に伝わるとは限りません。

自分の説明不足ということに気づかず、部下の能力不足だと思ってしまうということに直面することが多々あると思います。相手の気持ちを無視した一方的な考えでしかなかったのだと反省し、まず「聴く」そして理解するということを常に心がけた行動をとるように自分が意識を変えなければならないと痛感しました。

そして、相談を受けた際には、否定的な見方をするのではなく、まず受け入れるという姿勢で接したいと思います。親身になり、「きく」ときには「聴く」に徹し相手が助言を求めているのであれば必要に応じて的確なアドバイスができる上司にならなければと思います。

禄《ろく》を食《は》む人間としては、会社の方針に従い目標を達成するために会社に貢献することが一番大切なことです。そのことを常に頭において、日頃から一人ひとりが自分の置かれた立場を意識しながら業務に当たれるよう、部下を導くことのできるコミュニケーションの取り方を考えた行動をとりたいと思います。　（一部抜粋）

Column

「管理者研修」事後課題作文②

コミュニケーション

コミュニケーションということについて、受講前の作文を書いて以降いろいろと自分なりに考え、意識をもった行動をとるように心がけるようにしていました。
「明るい挨拶」や「報・連・相」など基本的に考えていたことにブレはなかったように思いますが、不十分だなと感じる部分が多く未熟な自分の現状を反省するところが多々ありました。

コミュニケーションは自分から積極的に行うというのは正しいことですが、まず人の話を『聴く（傾聴）』ということの意味および『聴く』ことの奥深さを学びました。シンセイ技研の花松仁社長が講義の中で『聴く』ことについて、「耳が先に来て十四倍の心で話をきく」と言われたことがとても印象深く、この先おそらく忘れることはない言葉の一つになったことは間違いありません。

部下とのコミュニケーションにおいて、「送り手」である上司と「受け手」である部下との間に温度差や溝があっては、伝達はうまくいきませんし、「受け手」に伝わっていない（理解していない）のは「送り手」の責任であるということを常に意識する必要があります。
「受け手（部下）」はそれぞれ性格が違いますし、レベル・

モチベーションアップ！技能コンクールに挑戦！全国一位！

お客さまを感動させるには人間性が重要ですが、いくら人柄がよくても、技術が伴わなければ、喜んでいただくことはできません。

島根電工グループでは、長年、社員の技術力向上とモチベーションアップもかねて、さまざまな技能コンクールに挑戦し続けています。

社内大会からスタートして、優秀者は県大会に出場。そこから中国地区大会、全国大会と進み、平成九年にはスイスのザンクトガレン市で開かれた技能五輪国際大会の配管の部に、日本代表として出場したこともあります。

もともと島根県は全国的にも電気工事業者、水道工事・下水道工事・冷暖房工事という管工事業者の技術レベルが高く、毎年、中国地区大会では島根県がトップ三を独占するくらいの実力があります。そのなかで競い合うことになるので、県大会レベルでも入賞するのは容易ではありません。

しかし島根電工グループは毎年、確実に入賞者を送り出しています。

そして平成二六年には、東京の両国で開かれた全日本電気工事業工業組合連合会主催の第一回電気工事技能競技全国大会で、島根電工出雲支店の泉谷祐真君が初代チャンピオンを獲得したのです。

競技の内容は電気工事の基本的な配管や配線工事に加えて、計測ユニットやコントローラーの取り付けなど、多岐にわたっています。そのうえ、学科競技もあり、ハイレベルな内容でした。

全国から集まった三〇名の精鋭たちを破って、当社の社員が日本一位になれたのは、まさに日頃の努力のたまもの。そして高い向上心とモチベーションに支えられた結果でしょう。

自分たちの身近な先輩が全国大会で優勝し、新聞に取り上げられたり、雑誌の表紙を飾ったりするのを見て、若い社員たちがますます仕事に情熱を燃やすようになったのは言うまでもありません。

人から言われて動くのは「作業」ですが、自分から動いてやるのは「仕事」です。技能コンクールなど自分の実力を試す機会を与えることで、自ら進んで仕事に取り組もうというモチベーションがアップします。

そのモチベーションがお客さまの感動を引き出し、「おたすけ隊」の高いリピート率につながっていきます。

毎年技能コンクールに挑戦。社内コンクールを突破した優秀者が県大会、全国大会へと進む。平成27年度は第1回全国大会で優勝。

Column
社員の声⑥

息子が入社。身内が入る会社は正真正銘のいい会社だと思います。

〈再雇用２年目・技術指導〉

――定年後もここに？

２年前に定年になり、今は工務や施工の技術指導のお手伝いをしています。

過去に技術コンクールで島根県チャンピオンになったことがあります。会社の技術をレベルアップし、技術を継承させていくのが私の役目だと思っています。

――島根電工グループのいいところは？

人を成長させてくれるところです。人間性、社会性はもちろん人とのつきあい方や世の中の常識など、会社で学んだことはたくさんあります。私自身もこの会社に入社したことで「人として」成長できました。また会社自体も成長しています。

今は世間での認知度も高くなり、「島根電工グループで働いている」ということが自分の誇りになっています。ですから私は迷わず息子をこの会社に入れました。身内を入社させられる会社は、正真正銘のいい会社ではないでしょうか。

全社員が営業マン。お客さまへの感謝の気持ちを忘れさせない。

売上に責任をもつのは営業の社員だけではありません。全社員すべて営業マンでなければならない、という考え方は、創業当時からありました。

社員がそれぞれの職場で自分の全力を発揮することで、お客さまの信用を得て、売上をあげていこうという考え方です。

この考えがより鮮明になったのは、昭和五六年に「ワンワンセール」が始まったことがきっかけでした。

当時、日本は景気の後退期に入っていて、昭和五六年六月は予算達成が難しい状況でした。そこで営業だけでなく、施工や事務も全社一丸となって、予算達成のために太陽熱温水器か、エアコン（クーラー）を一人一台販売しようという「ワンワンセール」（一人一台。ワン・ワン）を行うことにしたのです。

二カ月間の設定で、全社員が太陽熱温水器の販売に走り回りました。そして見事、予算を達成。それだけでなく、ふだんはわからない営業マンの苦労を全社員が経験し、営業マンと喜びを分け合うことができたのです。

以来、ワンワンセールは販売対象商品や販売方法を変えながら、毎年続けられています。

ちなみに私もまだ平社員のとき、ワンワンセールで、ある電気メーカーの製品をたくさん売って、そのメーカーから京都の祇園に招待されたことがあります。

まだ平社員の若僧が、生まれて初めて祇園のお座敷に足を踏み入れたときは、「こんな世界があるのか」と驚愕《きょうがく》したのを覚えています。

ワンワンセールは、営業の苦労を全社員が知る以外にも、思わぬ波及効果をもたらしました。周囲にいる人たちみんなが、自分たちのお客さまであることに、社員が気づき始めたのです。

出入りする宅配便の業者や郵便局の人、行きつけの美容院の美容師や顔なじみのラーメン店のおやじさん、よく行く八百屋さんやパン屋さんもみな潜在的なお客さまです。ふだんから人と丁寧に接して、人間関係をつくっておけば、ワンワンセールで商品を買ってもらえるかもしれません。

とくに総務や経理など事務系の社員たちは、いつもは営業活動をしないだけに、ワンワンセールを通して「お客さま」の存在とありがたさを身近に感じられるいい機会になりました。

自分の周囲がみなお客さまなら、おのずと人間関係にも気をつけるようになります。「あなたからなら買うわ」と気持ちよく言ってもらえる人間になれるよう、社員たちは一生懸命自分自身を高めるようになりました。

ワンワンセールが社員の人間性向上にも役立ったわけです。

こんなふうに会社の文化は日常の何気ない積み重ねから自然と醸成されていくのです。

第**3**章

変化に即応した会社だけが生き残る

電気は嫌いだった。それなのに電気工事会社に就職したわけ。

今でこそ、島根電工は地元では一般の方々にも知っていただける身近な会社になっています。でも私がこの会社に就職した昭和四七年当時は、島根電工といえば、もっぱら大規模な公共工事やビル、「ハコモノ」を扱うゼネコンのようなイメージでした。そんな会社がコンセント一個の工事をする会社に変わったのですから大改革です。生き残るためには、時代の変化に柔軟に対応していかなければなりません。まさに島根電工は変化に即応して生き残れたといえます。

しかしそうなるまでには、紆余曲折がありました。

長い物語になりますが、私自身の歩みと島根電工グループの改革の歩みについてお話します。

私は島根県の雲南市というところで、国鉄の職員をしていた父と専業主婦の母の間に生まれました。妹と弟の三人兄弟の長男です。

小さい頃から絵が得意で、コンクールには何度も入選する常連でした。今でも絵には興味があり、島根電工の本社にも、私が買い求めた絵がいくつも飾ってあります。でも悲しいかな、高校のとき軽い色弱であることが判明し、美大進学はあきらめざるをえませんでした。

私は東京の私立大学法学部に進学。在学中に芸能プロダクションでアルバイトをしたのをきっかけに、そのままそこに就職して、タレントのマネジャーになりました。絵に描いたような〝ナンパな〟学生を想像していただいてかまいません。しかし、実際、芸能界で働いてみると、どこかで「これは一生やる仕事ではないな」と思うところがありました。

私が就職した芸能プロダクションは弱小の会社だったので、銀座や赤坂のクラブに所属タレントを貸し出す興業的なこともやっていて、酔客を相手にすることが多かったからです。

私の父親は国鉄に勤務する堅い職業でしたから、東京で〝やくざ〟な仕事をしている息子を心配していたのでしょう。

ある日、私が自分のアパートに戻ってみると、荷物のいっさいがっさいがなくなっていたのです。

もぬけのから状態の部屋の中に残っていたのは父の置き手紙一枚。そこには大きな字で、「戻ってこい、バカ」と書かれていました。

故郷の島根県にいっこうに戻ってこようとしない息子に業を煮やした父の強行手段だったのです。私自身も、東京暮らしはもう潮時だと思っていた頃でしたので、これを機会に故郷の島根に戻りました。大学を卒業して四カ月後のことです。

そして父の紹介で就職したのが島根電工だったのです。ですから、この会社に入社したのは、建設業界に興味があったからでもなく、設備工事がやりたかったわけでもありません。むしろビリビリする電気は嫌いなほうで、本当にたまたま入ってしまった、というのが正直なところです。

それでも入社したからには、クビにならないよう、一生懸命働かなければなりません。文系出身の私でしたが、電気工事士の資格を取り、技術者として現場に出て設備工事もやりました。

入社して三年間はそんなふうに何事もなく、月日は過ぎていきました。


しかし、転機は早くも入社四年目に訪れました。「こんな会社、やめてやる！」という事件が起きてしまったのです。

あるとき、私が研修先から戻ると、本社の玄関に「遅刻者は出社に及ばず」という張り紙が貼ってありました。

「何だ、これは？　誰が貼ったんですか」

私はびっくりして事務の女性に聞きました。

すると事業部長が貼ったといいます。当時、島根電工には遅刻常習者の社員がいて彼に対する戒めのために貼ったそうです。

実際、遅刻してきた彼はそのまま家に帰されたといいます。

私は頭に血がのぼって、すぐに部長のところにすっ飛んでいきました。

「こんなみっともないもの、すぐはがしてくださいい。近所に恥ずかしいじゃないですか」

「いやいや、これくらいやらんと、彼の遅刻は直らん」
「それをやったからといって、直るもんじゃありませんよ。なぜ遅刻をするのかその原因を正さないと、根本的な解決にならないじゃないですか」
「そんなことをやっても、彼を甘やかすだけだ」

今思えば、これも部長の部下に対する深い愛情から出た行為でした。彼には彼なりの部下の育成法があったのです。

でも若かった私にはそこまで思いをはせる心の余裕がありませんでした。

押し問答のすえ、何とか張り紙をはがしてもらうことはできたのですが、部長とはその後も対立することがあって、直属の上司である主任に言っても解決せず、その上の課長に言っても解決せず、私はすっかり会社に嫌気がさしてしまいました。

そこで辞表を提出したのですが、受け取ってもらえません。

とうとう私は強行手段に出て、無断欠勤することにしたのです。

いつも通り会社に行って、何くわぬ顔で仕事をして、翌日から誰にも言わずに石垣島に行ってしまいました。

そのまま約三カ月間、私は青い海と白い珊瑚礁に囲まれて、夢のような日々をすごしました。

会社はもう辞めたつもりで、あとはのんびりリフレッシュして、自分の人生を考えようと思ったのです。

三カ月目に妹から私の滞在先に電話がかかってきました。

「明日、お父さんが警察に捜索願いを出すと言っているよ」

私は妹にも行き先は知らせていません。親にも何も言わずに出奔《しゅっぽん》していたのです。激怒されることを覚悟で、あわてて家に戻ると、怒られるどころか、親たちが「よく帰った」と喜んでくれました。

ほっと胸をなでおろしたのもつかの間、放り出していた現実が一挙に私に押し寄せてきました。

とにかく無断欠勤状態の会社を何とかしなければなりません。私としてはもう辞めたつもりでいましたが、ある会社の社長からのアドバイスで、「円満退職をさせてもらえ。懲戒解雇になるぞ。頭を下げてこい」と言われ、けじめをつけるために、会社から借りていた社服一式を持って、出社することにしました。

まっ黒に日焼けした顔で、私は社長室のドアをノックしました。

雷を落とされる覚悟でしたが、当時の社長、すなわち創業者は穏やかな表情で私を迎えてくれました。

「無断で会社を休んですみませんでした。正式に会社を辞めさせていただきます」と頭を下げると、創業者はにやっと笑ってこう言いました。

「おまえも若いな」

「はい、ご迷惑をおかけしました」

「若いうちはいろいろあるよ」

「はい、どうもすみませんでした」

「それで、おまえはいつから出るんだ？」

はぁ？　と、私は耳を疑いました。クビになるんじゃないのか。どういうことだ？

混乱する頭の中で、私はパニックになりました。

創業者はなおもにやにや笑っています。そのとき私の口からとっさに出た言葉が「明日から出社します」でした。

自分でもどうしてこんなことを口走ってしまったのかわかりません。

でも言ってしまったからには、もう後戻りはできません。始末書を書いて、次の日から私はまた島根電工で社員として働くことになったのです。

今ふり返ると、私の三カ月無断欠勤事件は、若気のいたり以外のなにものでもありませんでした。

でもこの経験があったから、私は若い社員の悩みや気持ちがよくわかるようになりました。入社二年生、三年生の社会人はみなこんなものです。

後先も考えず、ただその場の思いつきや激情にかられて、とんでもないことをやらかしてくれる。

そこを上手にくみとって、よりよい方向に導いてやるのが、上司の役目です。

若いときの失敗やあやまちはどんどん経験させたほうがいい。

「いったい、どうしてこんなことをしてくれたんだっ！」とこちらが頭を抱えたくなるそのあやまちが、後になって、彼らの宝の山に変わるのです。

その結果、五年間、平社員。今に見ていろ。三〇歳で追いついた。

許されて元に戻ったとはいえ、三カ月間の無断欠勤のペナルティはしっかりと課せられました。

私は約五年間、平社員のまま、ずっと据え置かれていたのです。

後輩がどんどん私を追い越して主任になっていきます。すると内示を受けた後輩たちがみな私のところにやってきます。

「荒木さんがおられるのに、私が主任になんてなれません。仕事は荒木さんのほうがずっとできます。私は内示を断ってきます」

そのたびに私は後輩たちをなだめました。

「おまえが先に主任になっとけ。俺もあとから行くからな」

そうは言ったものの、内心は悔しさでいっぱいです。なぜ自分がずっと平社員のままなのか。理由はわかっています。わかっていますが、悔しい気持ちはおさえられません。

今に見てろ。

そんな思いが私を突き動かしていました。


提案営業を積極的にやり始めたのはその頃からです。お客さまのところに行くたびに、私は付加価値をつけた営業を始めました。

たとえば戸建て住宅を建てている建築業のお客さまがいるとします。頼まれているのは平均的な電気設備だったとすると、もっと便利で見栄えのいい最新式のシステム、たとえば自分の寝室から冷暖房がコントロールできるような設備を紹介するわけです。

「そっちにすると、全体の価格が高くなるから」

と渋る建築業のお客さまに、

「新しい設備を住宅の〝売り〟にすればいいじゃないですか。住宅を購入するお客さまは多少値段が上がっても、使い勝手がいいほうが喜びますよ」

と説得するのです。

値段が上がるといっても、何百万も違うわけではありません。千万単位の住宅を購入しようとするお客さまにとって、何十万円の差はそれほど問題ではないのです。

こんなふうに、お客さまが喜ぶような新しい商品やシステムを積極的に提案していったら、注文がどんどん取れ出して、三〇歳のとき、社内優績者の一人に選ばれました。

優績者の表彰は正月に行います。ほかの優績者はみな誇らしげでしたが、私は表彰より、「主任昇進」の辞令が欲しかった。

年があけて、四月になると、誕生日が来て、私は三一歳になってしまいます。ふつうは二六、七歳で主任に昇進するのに、まだ万年平社員でいる自分に恥ずかしさと悔しさでいっぱいでした。

「何とか誕生日までには主任になれないだろうか」と心に念じていましたら、誕生日前に三〇歳でようやく主任になることができたのです。

うれしくて、結婚間もない妻と家で祝杯をあげたのを覚えています。

その後は今までの遅れを取り戻すかのように、超特急で出世していきました。

二年後には係長を飛び越えて二階級特進の課長に昇進。その二年後には部長を飛び越えて出雲営業所の営業所長になりました。

社内ではもっとも若い営業所長です。三四歳のときでした。私は意気揚々と出雲に転勤していきました。

三カ月無断欠勤のペナルティがようやく解けたのです。

社内でもっとも若い営業所長として赴任した当時の出雲営業所（現出雲支店）。ここでの11年間の体験がのちの業務改善にいきることになる（次ページ以降）。

苦肉の策。〝他力〟を使って売上三億の事業所を二四億に。

私が所長として赴任した出雲営業所がある出雲地方は、非常に封建的な土地柄でした。昔からのつながりや人脈が幅をきかせ、公共工事をはじめとした設備工事はほとんどが地元の企業に決まってしまいます。

当時、島根電工は電気工事屋としては県下ナンバー一の企業でしたが、ナンバー二以下六位まではすべて出雲市の工事会社が占めていました。

出雲市といえば、その彼らの牙城《がじょう》です。いかに島根電工といえども、有力企業の彼らをさしおいて、仕事をとることはほぼ不可能に近かったのです。

新任の営業所長だった私は、足を棒にして役所やゼネコン、設計事務所を回りました。でも、どこに行っても相手にさえしてもらえませんでした。

出雲営業所がどんなに頑張っても三億円の売上しかない理由も、これでやっとわかりました。完全アウェイの島根電工がつけいる隙などどこにもなかったのです。

そこで私が始めたのが、エンドユーザーへの営業です。エンドユーザーとはビルや店舗のオーナー、企業、工場などの施主です。

ライオンズクラブや商工会議所にまめに顔を出し、施主とのつながりを強くしていったのです。彼らとつながりをもっておくと、建物の新築やリフォームのとき、ゼネコンが懇意の設備工事業者を使おうとしても、施主が「設備は島根電工で」ということになります。

そんなわけで、少しずつ受注が増えていきました。

ちょうどバブル景気の頃で、出雲市でも面白いように建物が建ちました。エンドユーザーと直接パイプをもっていた出雲営業所はぐんぐん売上を伸ばしました。

同業者が役所やゼネコンの大型工事を受注しようとしのぎを削っていた頃、私のところはこつこつとエンドユーザーを回って、小口の工事を拡大していたのです。

深い読みや戦略があってそうしたわけではなく、ほかに行くところがなかったから
そうしただけ。でも結果的にこれが幸いしました。同業者とは競合することなく、新
たな顧客を創造することができ、着実に売上を伸ばせたからです。

前任の所長も優秀な人でしたが、その倍くらい受注が増えてくると、それだけ手間
もかかるようになりました。それをいちいち私がやっていたら、体がいくつあっても
足りません。

そこで現場の若い施工者や技術者にも、どんどん営業的な仕事をさせるようにした
のです。たとえば新しい器具を決めるのに、ふつうなら私がお客さまのところに行っ
て、カタログを見せて商談するのですが、現場の連中に「これ、おまえが売ってみろ」
と営業の一部をまかせてみたのです。

施工者はそういうことをやらされると、とても喜びます。新しい仕事を覚え、可能
性の幅を広げることは、誰にとっても喜びなのです。

それを「これはおまえがやる仕事ではない」とか「職人は黙って仕事をしていれば
いいんだ」というふうに切り捨ててしまうと、彼らもやる気をなくして、指示された
以上のことはやろうとしなくなるのです。

それでは成長する喜び、仕事をする喜びを奪ってしまうことになります。私はどんどん新しい仕事をさせて、自分の可能性を開かせて、仕事が楽しくてしかたがない、という部下を育てていきました。

もちろんじれったいこともあります。私が行けばすぐ決まる話もあったかもしれません。それでもあえて彼らにまかせてみたのです。

一人のスーパースターがホームランを打つのではなく、みんながヒットを打っていく。ヒットを打つ人間をたくさんつくって、仕事の喜びを覚えてもらうのが営業所長の役割だと思ったからです。

出雲営業所では、一人でやったらとても処理できない仕事量を、みんながやってくれました。私がやれば一〇〇馬力は出るかもしれない。でもどんなに頑張っても一〇〇馬力は無理です。

新しい仕事をやる喜びを経験してもらうことによって、一人ひとりが伸びていけば、一〇〇馬力は容易に達成できます。

出雲営業所にはあしかけ一一年いましたが、その間、三億だった売上を二四億まで伸ばせたのは、若い部下や職人たちが頑張ってくれたおかげです。

人が成長すれば、会社も伸びる。そのことを実感した出雲営業所時代でした。

変わらなければ生き残れない。ダーウィンの進化論と同じ理屈。

出雲営業所から本社に戻ったのは平成八年、私が四八歳のときです。営業を統括する常務取締役になっていました。

バブルは崩壊したといえ、この時期、まだ建設投資は活発で平成四年度は八四兆円（平成二三年度には四二兆円に半減）、平成七年度には公共事業は三五兆円（平成二三年度には一七兆円に半減）と過去最高を記録していました。その流れが一気に変わるのは、平成一三年、小泉内閣が誕生してからです。構造改革の名のもとに、公共事業は激減し、民間工事も減少しました。

実は私はこうなる前から危機感を感じていました。

大型工事頼みの体制では、いずれ会社は立ち行かなくなるだろう。出雲営業所でやっていたように、新しい顧客を創造していかなければ、公共工事や民間の大型工事が減少したとき、つぶれてしまうと思ったのです。

ですから会議ではことあるごとにエンドユーザーを対象にした小口の工事を増やすことを提案していました。

ところが社内の反応はかんばしくありません。

島根電工グループは昔から「件名工事」といわれる大型の公共工事やゼネコン工事を受注して、県下ナンバー一まで登り詰めた会社です。先輩や上司たちは輝かしいそのいしずえを築いてきた素晴らしい人たちです。

ちまちました「小口工事」なんかやっていられるか、という気持ちもわからないではありません。

役員会議ではいつも逆風が吹いていました。

「そんな小口の仕事はやるな」

「でも大型の仕事はなくなりますよ」

「うちはつぶれないから大丈夫だ」

から大丈夫だ」

「うちは大きいからだ。うちがつぶれる前にほかがつぶれる。うちは内部留保がある
「どうしてですか？」

でも、会社が大きいから危ないのです。ダーウィンの進化論と同じです。

あれほど強くて、巨大で、無敵だった恐竜は、環境の変化に適応できずに、滅びてしまいました。小さくても、環境に適応できたものだけが生き残るのです。

私の危機感はつのりました。このままいったら、うちの会社はつぶれてしまう。世の中が変わっているのに、過去の成功体験にこだわって変わろうとしなければ、やがて時代に取り残されてしまうでしょう。

大型の仕事は年々減少していきます。すると何が起こるでしょう。ダンピングが始まるのは目に見えています。

一〇〇〇万円の仕事をとってきても、一〇〇万円の赤字では意味がありません。自分で自分のくびをしめるような事態におちいってはいけないのです。

そこで私は水面下で「小口工事」に舵を切りました。営業を統括するのは私です。

役所やゼネコンなど大型の「件名工事」の受注をになう営業部隊とは別に、エンドユーザーや一般家庭を対象にした「小口工事」の営業部隊をつくり、小口営業を活発化させたのです。

営業所からは大型案件から小口にシフトチェンジしてやっていけるのか、と心配する声もありました。でも私には勝算がありました。

当時グループ全体で売上は約一〇〇億ありました。

大型の「件名工事」がかりに半分に減って五〇億になっても、その分を小口の仕事で埋めていけばいいわけです。

そしてグループ全体で五億の利益がでれば、全社員を養っていくことができます。「件名工事」が五〇億、「小口工事」が五〇億。利益五億。データを分析すれば、十分可能な数値でした。

大型工事が目減りしていく現状ではこれしか方法はないと私は思いました。

そんな私を支えてくれる役員もいました。陶山《すやま》秀樹氏です。彼は私の高校の三年先輩で、当時、総務担当の常務でした。彼も島根電工グループの改革を真剣に考えていた一人です。平成一三年、陶山氏が社長に就任すると私は今までより格段に動きやすくなりました。

おたすけ隊のテレビCMでようやく小口工事の事業が軌道に。

こうして小口工事を積極的に行う体制に切り換えていったのですが、当時、売上は思うように伸びませんでした。島根電工グループは大きな会社だから、小さな小口工事などやらないと世間から思われていたのです。

私がライオンズクラブに顔を出したときも、知り合いが「近くの電気屋に頼んでコンセントを一個増やしたら、すごく便利になった」というので、

「どうしてうちに頼まないの？」と聞くと、

「お宅はビルとか病院とか大きな工事をやる会社でしょう。コンセント一個の仕事なんて、とても頼めないよ」と言うのです。

小口工事をやる会社だという認識がないのだと、がっかりしました。どうしたものかと考えていたとき、テレビCMを入れようという話が持ち上がりました。

そこで小口工事のPRをするために「住まいのおたすけ隊」のCMをテレビに流すことにしました。「おたすけ隊」のネーミングは、テレビCMを打つときに、考えられたものです。

一般消費者向けに思い切り親しみやすく、目立つものを、ということで、作業着を着た社員が一列になって「たすけたい、たすけたい」と住宅地を行進するCMをつくりました。そして回数を多く流したところ、一気に認知度が高まりました。「島根電工」の名前を知らない一般家庭からの注文があいついで、売上がぐんぐんあがっていったのです。

平成一三年「おたすけ隊」がスタートしたときは、こちらから営業して取った仕事は一億六〇〇〇万円ぐらいしかありませんでした。それがテレビCMを打つようになってからは、「島根電工」＝「おたすけ隊」というイメージが定着して、小口工事がどんどん舞い込むようになったのです。

売上は年々二〇億、三〇億と上がっていき、いまやグループ全体の売上の半分、約七〇億が「おたすけ隊」というほどにまで成長しています。

行動のコストダウン「サットくん」。在庫の七割削減に成功。

小口工事が増えたのはいいのですが、気がつくと営業担当者はいつも夜遅くまで残業しています。何をしているのかと思ったら、みなパソコンの前で見積書をつくっているのです。

昼間、お客さまのところを回って、帰って来てから見積書をつくる。それをまたお客さまのところに持っていくと、変更があってもその場で積算ができないので、また会社に帰って見積もりをつくり直す。

なぜその場で積算ができないのかというと、今は部品の値段がすべてコード化されてコンピュータに登録されているからです。コンピュータにコード番号を打ち込んで、初めて値段がわかるようになっているので、若い営業社員は、コード番号は暗記していても、値段はわかりません。

だからいちいち会社に戻って、コンピュータを呼び出しているのです。一件の仕事が決まるまで、そんなことを延々とくり返していたのでは、お客さまにとっても時間がかかってしかたがありません。

何とかその場で積算して、見積もりが出せないだろうかと考えあぐねていたとき、自動販売機に飲み物を補充している業者社員の端末に目が止まりました。

片手で持てる端末をぱっぱっと操作して、数や値段をその場で打ち出しています。ああいうものを現場で使えたら、お客さまの目の前で見積もりもできます。さっそく知り合いのＩＴ企業に頼んで、積算用の端末をつくってもらいました。

それがさっさーと見積もりができる「サットくん」です。さっそく営業社員全員に持たせたのですが、最初はなかなか定着しませんでした。というのも、営業は自分の営業スタイルを変えるのがいやなのです。

「長年やってきた行動はなかなか変えられません」

と言います。とくにベテランになるほど、抵抗はありました。そこで私はみんなの前でこう宣言したのです。

「よし、わかった。長年の行動が変えられないなら、俺は今日からタバコをやめてみせる。一日三、四箱吸ってきたが、今日から一本も吸わんぞ。だからみんなも今日から行動を変えろ」

その言葉通り、私は今日にいたるまで、一本もタバコを吸っていません。

「お願いですから、タバコを吸っていただけないでしょうか」

と営業責任者が頼みに来ても、吸いませんでした。私のその姿を見て、営業社員たちはいっせいに「サットくん」を使い始めました。

こうして「おたすけ隊」では「サットくん」が定着し、行動のコストダウンに成功したのです。

「サットくん」を導入して、今までの行動パターンを変え、仕事の効率化に成功しましたが、ほかにも改革できるところはないかと考えて、在庫を減らすことを思いつきました。

在庫を減らせば、数も把握しやすくなるし、金額もすぐわかります。むだな金利も払わなくてすみます。

とはいっても五%、一〇%ならすぐに減らせますが、コストダウンを考えるなら三割減は必要です。しかし三割減らすには、思い切った仕掛けがいるでしょう。

ほかの役員に相談したところ、賛同してくれる人もいました。そこで部門長を集めて「在庫を三割減らしてほしい」と言ったところ、「ええっ、三割ですか!」と抵抗にあいました。はなから無理と決めている態度です。

その様子にカチンと来て、「それなら在庫を七割減らして、三割でやれ」とたんかを切ってしまいました。三割減でも無理なのに、七割減なんてとても無理だと、みな目を白黒させています。そこでみんなを引き連れて、松江営業所の倉庫に行ったのです。

「この材料は何個ある?」

「一〇〇個です。だいたい一カ月でなくなります」

「じゃ、四個残して、あとは問屋さんに返して」

「この部材は何個ある?」

「二〇〇個です」

「じゃあ、八個残して、あとは返して」

要するに今の在庫量を二五日で割って、一日当たり必要な個数だけを残したわけです。そして、残りはメーカーや卸屋さんを呼んで「この個数はあとで絶対買うので、持って帰ってください」とお願いしました。

「そんなギリギリの数だと、緊急工事があるときに対応できない」とあわてる部門長もいましたが、緊急工事が発生するのは自分が現場を適切に管理していないからです。職人にまかせきりにして、現場に行っていないから、急に職人から電話があって「電線を持ってきてほしい」と言われてあわててしまうのです。

でも自分が現場にきちんと行って、先々まで見越して段取りを取っておけば、急に何かが必要になることなどありません。

もちろん現場で建設機械が水道管を破裂させて水が吹き出すなどという突発的な事故がないわけではありませんが、そんなことはめったに起こるものではありません。

すべてはきちんと現場管理すればすむのだということを納得してもらい、現場管理を徹底してもらったところ、建築屋さんからは「おたくはきちんと現場を見てくれるから助かる」と言われ、うちの会社の評価があがりました。

また社内でも在庫がなくなって、資金繰りが改善され、勝ち残るための強い体質に生まれ変わったのです。これを半年続けたら、在庫は七割減らせました。

今、二〇億の売上がある営業所で在庫は九〇万円を切っています。本気でやれば、在庫の七割減だってできる。

何事もできないのではありません。やろうとしないだけです。

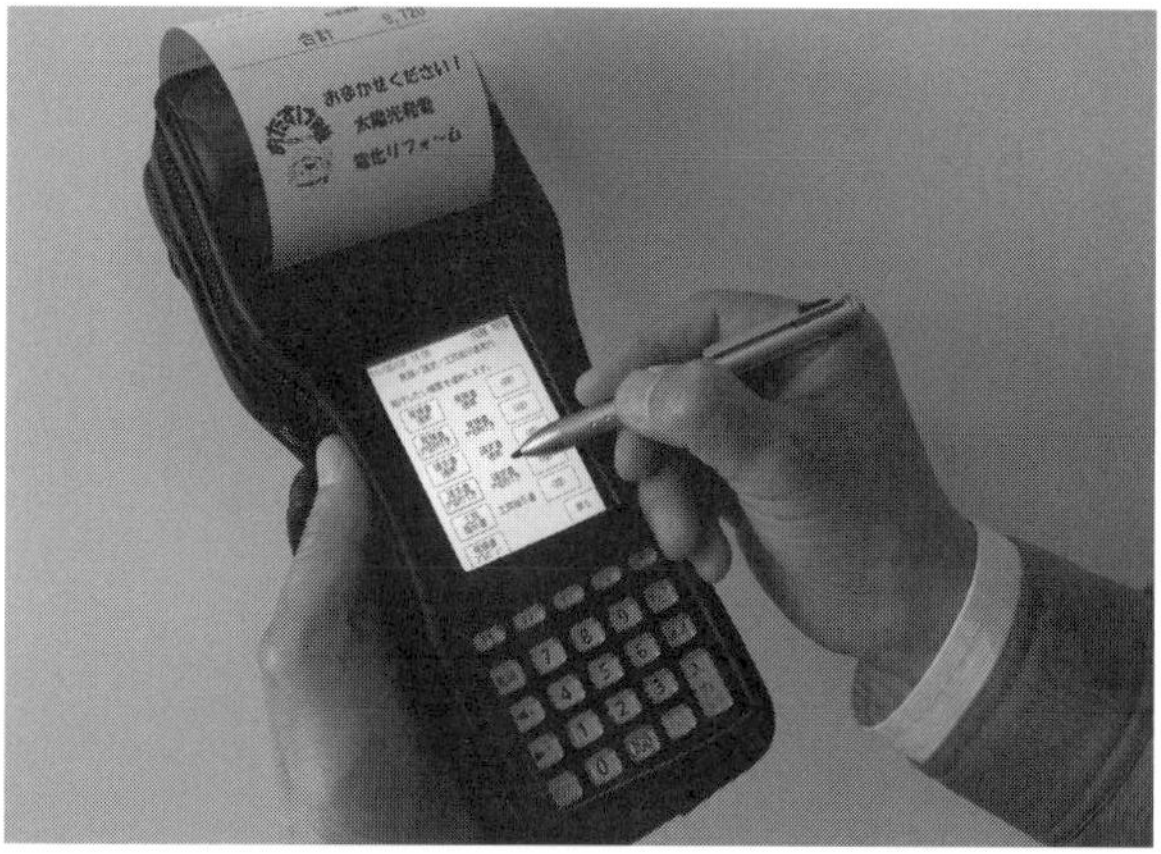

独自開発した現地見積もりツールの「サットくん」。その場で見積もりから請求書発行までできる便利な端末だ。

改革のスピリットは創立以来、受け継がれたDNAがあってこそ。

三期、社長をつとめた陶山氏が会長に退き、副社長であった私が島根電工の社長に就任したのは、平成二二年のことです。

陶山氏と二人三脚になってからは、「小口工事」に力を入れるやり方がうまく軌道に乗り出しました。

現在、島根電工グループ全体の総売上は一六五億円。そのうち「おたすけ隊」の事業が七三億で約半分を占めています。

公共事業や民間の大型工事が残りの九二億ですから、ほぼ半々ずつの売上をになうまでに成長できたわけです。

もし、島根電工グループが今まで通り大型の「件名工事」に固執して、一般家庭向けの新規事業を開拓してこなかったら、どうなっていたでしょう。おそらく売上は半減していたと思います。

時代の流れをつかんで、変化に対応できたからこそ、建設業が衰退する島根県のこの片隅でも生き残ることができたのです。

もっともこの会社が環境に素早く対応できたのは、決して私と陶山前社長の手腕ではありません。私と陶山氏がいくら頑張ってみたところで、この島根電工グループの伝統がなかったら、「おたすけ隊」は実現できなかったでしょう。

島根電工が創立以来、連綿と受け継いできた〝挑戦するＤＮＡ〟と、先輩たちが築き上げてきたいしずえがあったからこそ、小口工事にシフトするという大胆な挑戦に打って出ることができたのです。

振り返ってみれば、島根電工の歴史は挑戦の歴史でもあります。昭和三七年には早くも父兄会を実施して、社員とその家族を大切にする施策を打ち出しています。先輩社員が新人の面倒を見る「ビッグ・ブラザー制度（ＢＢ制度）」が発足したのも、今から四六年も前、昭和四五年のことです。

さらに全国初の女性電気工事士を採用したのも島根電工でしたし、県内の同業者に先駆けてＣＡＤを導入したのも当社でした。

こうした土壌と培われた風土の上に、改革は行われたのです。

時代に即応したものだけが生き残る。

島根電工グループが創業半世紀以上も厳しい建設業界で経営を続けてこれたのは、この会社のＤＮＡの中に〝挑戦を恐れない精神〟が受け継がれてきたからにほかならないと思います。

第4章

やはり一番大切なのは「社員」

顧客第一主義だけど社員が一番、お客さまは三番。

島根電工グループの特色をひとつだけあげろ、と言われたら、私は迷わず「社員を大切にすること」と言うでしょう。

以前は「顧客第一主義」を掲げていたのですが、お客さま第一で制度や仕組みをつくっていくと、どうしても社員に無理がかかってしまいます。そこで島根電工グループでは、

（一）社員とその家族が一番
（二）関係する会社（卸会社・メーカー・下請会社）の社員（社外社員）とその家族が二番
（三）お客さまが三番

（四）地域が四番
（五）株主が五番

の順番にしています。

するとお客さまのなかには、「おまえは社員が大事で、お客さまは三番か」と文句を言ってくる人もいます。確かにお客さまは大事です。でも、お客さまを第一の優先順位にすると、会社がおかしくなってしまうのです。

こんな例がありました。

元旦に「門灯の電気の球が切れたから、すぐ取り替えてくれ」と電話がかかってきました。陶山前社長の携帯にかかってきたそうです。でもお正月はみな休んでいます。お酒も飲んでいます。緊急事態ならいざ知らず、門灯の電気の球くらいなら、お正月あけまで待てるのではないでしょうか。

前社長が電話でやんわり断ると、お客さまは怒ったといいます。

「おまえのところはおたすけ隊じゃないのか。お客がすぐきてほしいと言っているのに、これないようなら、おたすけ隊を名乗るなっ！」

こんなお客さまは、こちらからお断りです。

またマンションを管理する不動産屋から、「各戸の分電盤に、緊急時はいつでも行くという張り紙をさせてくれ」と言われることもあります。私は「絶対にいやだ」と断っています。

なぜなら夜中に帰ってきた住人が、酔って電話をしてくるかもしれません。そんなお客さまのところに、なぜうちが行かなければならないのでしょう？

最近は競争が厳しくなってきたので、設備工事の会社でも「二四時間対応」を売りにするところがあります。

そんなことをしたら、社員がかわいそうです。二四時間、お酒が飲めないではありませんか。一番大切なのは社員とその家族。なぜ家族まで含めるのかというと、家族は会社にとって一番大切な社員を支えてくれる存在だからです。

次に大切なのは卸会社・メーカー・下請会社など、関係する会社の社員とその家族です。取引企業は私たちと一心同体。家族同然です。その会社の社員と家族を大切にするのは当然のことです。

そのため、取引企業にはできる限り、直接、お客さまと取引してもらうようにしています。私たちが間に入って、お金をピンハネするのは簡単ですが、それだと取引企業の利益が少なくなってしまいます。

たとえばお客さまから「照明だけでなく、畳も新しくしてほしい」と言われたとします。私たちでは畳ができないので、そういう業者を紹介するわけです。

業者は新規のお客さまを紹介してもらえたうえ、斡旋料なども取られないので、私たちに感謝して、私たちのお客さまにはとても心のこもった仕事をします。

つまり「期待を超える感動」が、取引業者の間でも可能になるわけです。卸会社やメーカー・下請会社に無理なコストダウンを要求して、いわゆる腐った肉を与える。こんなコストダウンが横行する取引をして自分だけが利益を得るのは最も恥ずべき商取引です。

そして三番目がお客さま。順番は三番目ですが、社員を大切にして、取引先を大切にすれば、大切にされた社員と取引先はお客さまのことを大切にしますから、結局、お客さまが大切にされることになるのです。

ですから本当に「顧客第一主義」を掲げるなら、お客さまに直接、接する社員や取引先を大切にしなければなりません。

社員が一番、取引先が二番、お客さまが三番というこの順番は、本当にお客さまのことを考えたからこそ言える結果なのです。

雇用創出が地域貢献に。持ち株会は社員のためにある。

ついでに四番目の地域貢献と五番めの株主についてもふれておきます。

まず四番目の地域貢献ですが、島根電工グループではグループをあげてボランティア活動に力を入れています。老人ホームや幼稚園の電気設備の点検・修理、地域の清掃活動など、各営業所でさまざまな取り組みを行っています。

また毎年行う海岸線の清掃活動「日本列島海岸クリーン作戦」は、多数の社員や取引先まで参加する島根電工総出のイベントとなっています。

私自身は、島根電工グループができる一番の地域貢献は雇用の創出だと思っています。ですから毎年地域で一定数の人数を採用して、雇用した社員にはきちんと給料を払うことを経営の最重要課題と位置づけています。

ちなみにここ何年かは毎年三〇名程度の新入社員を定期的に採用しています。

こんな田舎で新卒が採れるのかと思われますが、社員を大切にしていると、この会社に就職したいという若者がたくさん集まってきます。

五番目の株主については、ちょっと苦労した歴史があります。島根電工グループには創業から七年目になる昭和三八年からすでに「従業員持ち株制度」がありました。

これは親会社が倒産し、島根電工も連鎖倒産の危機に瀕したとき、社員が一致団結して自社の株主となり、会社を支えた歴史があったからです。

社員が株主になることで、「会社は自分たちのものである」という意識が高まり、企業経営のうえでは非常にプラスになったのですが、一方で、定年退職したら株を社員持ち株会に残していくという規定が役員にはなかったために、株を持ったままやめていく役員のOBが増えてしまいました。

そのため会社の中の株がどんどん減ってしまったのです。

私が役員になってからは、当時の社長だった陶山秀樹氏と協力して、役員OBを回り、額面より高い金額で株を買い戻させてもらいました。

役員OBの中にはやめたあとも、会社に愛情をもっていて、何らかの形で関わりたいという人もいたのですが、何とか説得して、今は九八％まで株を戻してもらうことに成功しています。

株主は大切ですが、株主の言うことばかり聞いていると、社員のことや本業がおろそかになってしまいます。

株は、現に社内にいて、会社のことをよくわかっている現役の役員や社員が持つのが一番いいだろうと思います。


ところで、私は自分が社長になるずっと前、三〇代で出雲営業所の所長になった頃から、「社員が一番、取引先が二番、お客さまが三番で、四番は地域、五番は株主」ということを漠然と考えていました。

すると、私とまったく同じことを言っている人を発見したのです。法政大学の坂本光司先生です。先生は『日本でいちばん大切にしたい会社』というベストセラーの本を出されています。

何を隠そう、島根電工もこの本で取り上げていただいたことがあります。その本を読んでいたら、私が思っているのと寸分違《たが》わないことが書かれていて、びっくりしました。

先生も「社員が一番、取引先が二番、お客さまが三番、地域が四番、株主が五番」とおっしゃっていて、「家族」を含めているところまで私と同じです。

坂本先生は日本中の中小企業を足で歩いて調べた結果、本当にいい会社の共通項として、この順番を導き出されました。期せずして、坂本先生のお考えと一致したことで、私もおおいに自信を深めました。

一番大切なのは社員。

坂本先生のお墨付きをいただいた今、私はぶれずにこの方針を貫いていこうと決意をあらたにしています。

地域の一員としてボランティア活動にも積極的に参加している。海岸を清掃する「日本列島海岸クリーン作戦」には毎年参加。

鳴かないホトトギスがいてもいい。人には持ち味がある。

社員が一番大切。

そう言うと、「それじゃ、使い物にならない社員が入ってきたらどうするんだ」と聞かれることがあります。

そんなとき、私はいつもほととぎすの俳句を例に出すようにしています。

織田信長は「鳴かぬなら　殺してしまえ　ほととぎす」と詠みました。鳴かせてみせたのは豊臣秀吉。鳴くまで待ったのは徳川家康です。

しかし、私は鳴かなくても、それでいいと思っています。

人にはそれぞれ持ち味があります。なかには鳴かないほととぎすもいる。それもその人の人生です。いいではありませんか。

鳴かずんば　それもまたよし　ほととぎす

こう言ったのは松下幸之助です。私は昔は松下幸之助があまり好きではありませんでした。

でも自分が経営者になってからは、松下幸之助のすごさが実感できるようになりました。彼は〝鳴かないほととぎす〟も〝鳴くほととぎす〟も、ともに企業にとって必要だということをわかっていたのです。

今、島根電工グループには六〇〇人の社員がいます。全員が全員、優等生であるわけはありません。一生懸命頑張っても、〝鳴かないほととぎす〟はいます。

それでもいいのです。全員が管理職になって、全員が役員になって、全員が社長になれるわけではありません。そんなふうにみんなが上をめざしたら、会社がぐちゃぐちゃになってしまうではありませんか。

いろんな人がいて、いろいろな仕事があって、それぞれが持ち味に合った仕事をして、バランスをとっていく。それが活力ある組織のあり方です。

それに〝鳴かないほととぎす〟が鳴くこともあります。会社でさまざまな場を用意してやれば、「えっ」と思う人間が思わぬ能力を発揮することもあります。

手先が不器用で、工事の現場ではへまばかりしている人間でも、営業をやらせてみたら、思いやりがあってお年寄りにものすごく人気が出た若者もいます。ボランティア活動になると、リーダーシップを発揮して、上司や役員にもてきぱきと指示が出せる人間もいます。

人はいろいろです。その〝いろいろ〟を引き出すのが会社の役目です。

そして社長である私の仕事というのは、社員の可能性を引き出して、会社にくるのが楽しくてたまらない。そういう環境やしかけをつくることだと思っています。

誰にとっても人生は一度しかありません。一度しかないのなら、楽しく、幸せに生きなければ、生まれてきた意味がありません。

人生でもっとも長くすごす場所が会社であるなら、〝鳴かないほととぎす〟にとっても会社は楽しい場所でなければならないのです。

Column
社員の声⑦

やる気、向上心にあふれる社風が特徴です。

〈入社２年目・SE〉

――入社の動機は？

大企業からＩターンで島根県に転職してきました。この会社に入って一番最初に感じたのは、やる気と向上心にあふれた社風だということ。

研修もみな真剣に聞いていて、社員の熱意を感じます。

研修の内容も私が大企業で受けていたものと同じレベルか、むしろ職業観や仕事観については上回っていると感じることもあります。

――職場の雰囲気は？

とても働きやすいですね。社員を大事にするという考え方がすみずみまで浸透していて、和気あいあいとした雰囲気です。

私は結婚して３人の子供をもちましたが、安心して定年までずっとここに勤めていられる会社です。

――今後の目標は？

自分が成長して、会社に貢献できる人間になることです。テレビＣＭを通して認知度が高まっているので、この信頼を裏切らないようにしていきたいですね。

性相近し、習い相遠し。どう伸びるかは環境次第！

社員にはいろいろいると言いました。なかなか仕事を覚えない者、上司に反抗的な者、すぐ怠けたがる者……。一見、問題があるように思えても、上に立つ者はその社員の可能性を信じて、持ち味が開花するのを待ってやらなければいけません。

私にもこんな経験があります。三四歳で出雲営業所の所長になり、出雲に赴任していた頃の話です。営業所に高卒で二人の若者が入ってきました。二人とも絵に描いたようなツッパリです。

あるとき、ツッパリの一人が泥だらけで帰ってきました。彼は水道管の本管を埋設する穴堀りの工事をやっていたのです。私は彼をねぎらう意味で「泥だらけだねえ」と声をかけました。すると彼はカッと目をむいて、眼光鋭く私をにらみつけ、こう言い放ったのです。

「誰がやらせたんだ」

その形相に私は内心びっくりしましたが、

「そうだね。俺だわ、させたのは」

と、穏やかに彼に話しかけました。そして彼の労をねぎらい、仕事の大切さについて話しました。それからもしばしば彼は私につっかかってきましたが、だんだん落ち着いて、三年たつと本当に素直ないい子に変わりました。

その後は言われたことをどんどん吸収し、研修にも参加して、今ではたくさんの部下を率いる工務課長になっています。

ときどき彼と会議で顔を合わせますが、やり手のマネジャー然とした彼の姿を見るたびに、「あのツッパリだった子がねえ」と感慨深いものを感じます。

もう一人のツッパリは反抗的で人の言うことを全然聞かない若者でした。こちらが指示を出しても、ツンツンした態度でろくに返事もしません。

私も腹にすえかねて、ある日、会社の前にある公園に彼を呼び出すと、パーンと一発平手で引っぱたいたのです。

するといきなり彼が抱きついてきて、わんわん号泣するではありませんか。反撃されるかと身構えていた私は拍子ぬけして、一瞬、何が起きたかわかりませんでした。まるでドラマのワンシーンを見ているようでした。

要するに、彼は今まで誰からも本気で向き合ってもらったことがなかったのです。親から殴られたこともなかったし、学校の先生からも無視され続け、自分がどういう態度で人に接していいのかわからなかったのでしょう。

それが赤の他人の私に引っぱたかれたことで、ガチガチだった心のよろいが崩れたのかもしれません。たたくという私の行為はほめられたものではありませんが、愛情をもってやった行為は相手の心に響くのです。

それからその子は人が変わったようにいい子になって、やはり今は管理職として部下から頼られる、とても優しい上司になっています。

彼らのことを思いだすたびに、私は論語の「性相近し、習い相遠し」という言葉を思いだします。

人間はもって生まれた素質はみな同じようなものですが、勉強や習慣によってだんだん差がついてしまう。いかに環境や教育が大切かを示した論語の言葉です。

ということは、社会人一年生のときからしっかり教えて学ばせてやれば、立派な社会人になる、ともいえます。

入社してきたときは、多少のでこぼこはあっても、社会人としては同じようなスタートラインにあります。そこからどう伸びるかは環境次第。

「あいつは言うことを聞かないからダメだ」とか「反抗的だから使えない」と安易に切り捨てて、将来の可能性の芽を摘んでしまってはあまりにもったいない話です。


もしあのとき、私がツッパリの彼らを見捨てていたとしたら、今日、島根電工にいるあの優秀な工務課長や、あの優しい上司も存在していなかったでしょう。

最初からダメな人間は一人もいません。ダメな人間をつくる上司がいるだけです。

社員を大切に思う心があれば、彼らの成長や可能性を信じられるはずです。

性相近し、習い相遠し。

部下をもつ者が決して忘れてはならない言葉だと思います。

悩みが多い新入社員。先輩が面倒をみるBB制度で驚きの離職率一%。

今、入社して三年以内でやめてしまう新入社員が問題になっています。

とくに島根県は全国の中でも離職率が大変高く、高卒、大卒の新入社員で三年以内にやめてしまう者は四割近く。年によっては全国平均を一〇ポイント近く上回ることもあります。

島根電工グループでもかつては新卒を何十人採用しても、みんなやめてしまって、残るのは四、五人というときも珍しくありませんでした。

でも前社長の陶山氏や私の体制になり、社員を大切にする方針を徹底しはじめてからは、社員の定着率が格段によくなっています。

今、当グループでは三年以内にやめる人間はほとんどゼロです。ついこの間まで離職率は一％でした。

なぜ、私たちのところだけ、これほど離職率が低いのか。理由はいろいろあると思います。

社員を大切にする社風。お客さまを感動させる仕事のやりがい。手厚い研修制度。福利厚生の充実……。

そのなかでもとくに「ビッグブラザー制度」、略して「ＢＢ制度」が新入社員の離職を防ぐ要因になっているのではないかと思っています。

ＢＢ制度は昭和四五年から島根電工グループで採用されている人材育成制度です。新入社員にマンツーマンで世話係の先輩社員がつき、半年ずつ三年間にわたって公私ともに新入社員の面倒をみるというものです。

現在は、入社してすぐ行われる二〇日間の泊まりがけ研修が終わると、お兄さん、お姉さん役のＢＢ社員が迎えにくることになっています。そして彼らが新人たちをつれてそれぞれの配属先に帰るのです。

その日から半年ずつ三年の間、ずっとお兄さん、お姉さんが新人のそばにいることになります。

新入社員というのは、こちらが想像する以上に緊張しています。いつトイレに行ったらいいのか、いつ缶コーヒーを飲んでいいのか、そんなささいなことでもわからないことだらけです。

彼らがつまらないことで悩んで会社を辞めないよう、年が近いお兄さん、お姉さん、すなわちビッグブラザーがしっかりついて、面倒をみようというわけです。

せっかくうちの会社に入ってくれた人を簡単に辞めさせたらいけません。もし辞めさせてしまったら、それはこちらの責任です。

大切な人材をしっかり育てるために、大事に面倒をみたいと思います。

たとえば新人は先輩から受けた指示や注意、自分で気づいたことなど、細かくノートにとるよう教えられます。

ビッグブラザーはそのノートを見て、新人の仕事に対する理解の度合いや課題、悩みなどを把握します。そしてノートには先輩からのアドバイスやコメントを必ず書き添えます。ビッグブラザーだけでなく、そのチームの先輩や管理職など、みんなでコメントを寄せることもあります。

まるで交換日記のようなこのノートのやりとりは、だいたい半年間は続きます。ビッグブラザーの任期は半年が基本だからです。

でも、ビッグブラザーになった社員たちは自分が面倒を見た新人をその後もずっと気にかけて、何かと世話をしているようです。

とくに技術系の場合は、だいたい二年くらいは先輩と二人一組で現場に行きますから、その間はほとんどBBと行動し、指導を受けることになります。


私が入社したときはこんなに細やかではありませんでした。

現場にはまだ職人気質の徒弟制度が残っていたので、ぐずぐずしていると道具箱の中のビスを全部ひっくり返され、「もとに返しておけ」と言われたこともありました。昭和はそれでも十分人が育った時代でもありました。

でも今は違います。

縁あって、うちの会社に来てくれた人間には、みな定年まで幸せに勤めあげてほしい。そのためのBB制度です。

ビッグブラザーから親切に指導を受けると、今度は自分がビッグブラザーになったとき後輩に優しくふるまえます。

優しくされた後輩は、自分がビッグブラザーになったとき、また後輩に優しくするからです。

そうやって良き伝統は受け継がれていきます。新入社員が最初でつまずかないためのこのＢＢ制度は、離職をくい止めるためにうまく貢献していると思います。

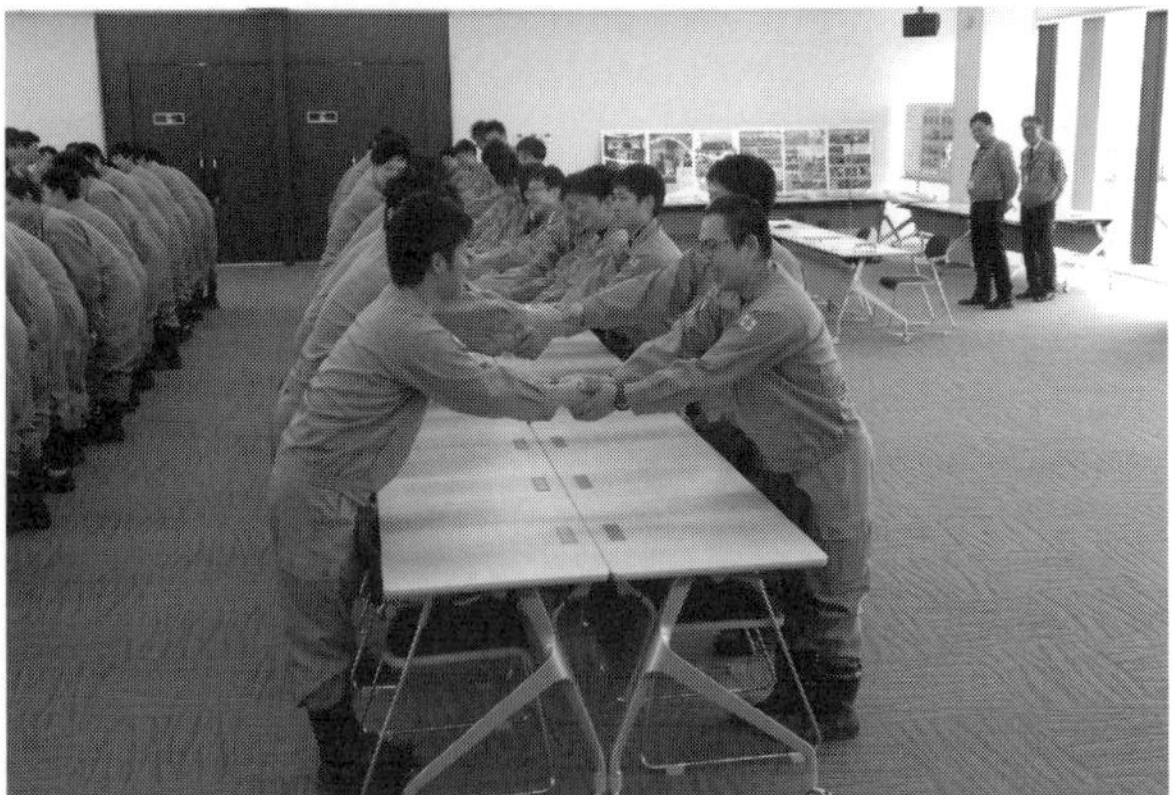

新人とビッグブラザーが対面する対面式。以後半年間、ＢＢがマンツーマンで新人の面倒を見る。

Column
社員の声⑧

真っ暗な家に駆けつけると神様がきたみたいに喜ばれました。

〈入社７年目・工務〉

――うれしかったことは？

ＢＢ制度で先輩がぴったりついてくれて、現場の知識を丁寧に教えてくれたことがうれしかったですね。

それとお店の新築工事を担当したときに、オーナーが気難しい人で苦労しましたが、工事が終わったときに「ありがとう」と言っていただけました。「また島根電工に頼むよ」と声をかけていただいたときは、この仕事をやっていてよかったと思いました。

――感動した経験は？

停電で真っ暗な家に駆けつけたとき、その家のおじいさん、おばあさんからまるで神様がきたように喜ばれたことがありました。

「お客さまが感動しているときは、自分も感動しているんだなあ」と思いました。

――会社の社風は？

とても温かくて、とくに運動会は高校の文化祭のノリで、最高に楽しいです。私は社内結婚ですが、妻ともどもこの会社の社員でいて本当によかったと思っています。

若い社員はご家族と一緒になって育てたい。

新人を大切に育てるという意味では、家族懇談会の存在も忘れてはいけません。

島根電工グループでは昭和三七年に「第一回父兄会」を開いて以来、毎年、若手社員の家族を会社に呼ぶ懇談会を続けています。中卒社員がなかなか採用できなかった時代もあって、〝金の卵〟を大切に育てたいという趣旨から始まったようです。

現在は入社三年目までの独身社員のご家族を集めて、家族に会社の実情や方針を説明し、家族と一緒になって、若い社員を育てていこうという会になっています。

この懇親会が家族には大変好評で、なかにはお父さん、お母さんだけでなく、おじいさん、おばあさん、弟、妹、お兄さん、お姉さんまで一家総出でいらっしゃる家族や、四年目になってもきたいという家族もいます。

家族ぐるみで会社のファンになってもらえるのは、大変ありがたいことだと私は思っています。社員を支えるのは家族ですから、その家族が会社を大切に思ってくれれば、社員も会社のために一生懸命働いてくれるに違いありません。


また新人の家族には、「あなたのところの息子さん、娘さんはこんな様子で会社員生活を送っていますよ」という写真を一人ひとりアルバムにして、親御さんのところに送っています。

入社式から始まって配属が決まったときの初々しい表情、研修の風景、BBとの対面、初めての現場での緊張した様子、社内大運動会で頑張る姿など、約一年間を通して、その社員の様子がアルバムにまとめられています。

写真はおもに配属先のビッグブラザーや先輩が折々につけて撮影していますが、一枚一枚に、新人に対する先輩たちの愛情が感じられます。

私も写真にコメントをつけなければいけないので、入社式から一人ひとりについてメモを取っています。

わが子の子ども時代の写真はたくさんあっても、社会人になってからの写真はほとんどないという親御さんが大部分ではないでしょうか。ましてや会社で働いている写真を手に入れることはほとんど不可能です。

パソコンで編集してつくった簡単なアルバムですが、社会人一年生のわが子の一年間の成長の記録がわかるこのアルバムは、親御さんにとって何ものにもかえがたい宝物になるようです。

入社３年目までの独身社員の家族を招いて行う家族懇談会。家族と一緒になって社員を育てていく。

Column

社員の声⑨

途中退職して再び雇用。正社員に登用されました。

〈再雇用２年目・営業事務〉

――社内初のレディースエンジニアだったとか？

はい。女性で初めて現場施工者として採用されました。最初は不安でしたが、３カ月間、しっかり勉強して、資格を取ってから現場に出たので、意外と大丈夫でした。ただ現場に女性用トイレがなかったのには困りました。

――女性技術者ならではのメリットは？

細かいところに気がつくことですね。それと住宅は女性が主役になるので、女性が使いやすい器具の配置や高さなど、女性目線で設備の提案ができるのがよかったと思います。

――島根電工グループのいいところは？

アットホームなところと社員を大切にするところです。私は入社５年目に結婚して退職し、９年間、専業主婦をして子どもを育てました。その後、パートでこの会社に戻り、子どもの手が完全に離れた42歳のとき、正社員に登用されました。会社から「正社員のほうがいいんじゃないの？」と言ってもらえたときはうれしかったですね。

――目標は？

息子が一人いるのですが、「この会社に入りたい」と言っています。大運動会に出て、会社の人たちとふれあったことから、そういう印象をもったのでしょう。親子や兄弟で入社している社員もいるので、うちもそうなれたら、と思います。

家族主義の象徴。総出で盛り上がる〝本気の〟大運動会。

毎年五月が近づくと、うちの社員たちはみなそわそわし始めます。年に一度、家族総出の大運動会が開催されるからです。この運動会は、社員の自主的な集まりである「明職会」が中心になって行われるもので、島根電工グループが建設に関わった出雲ドームを借り切って、毎年盛大に行われます。

参加人数は約一〇〇〇人。グループの全社員とその家族が集まって、朝から綱引き、玉入れ、障害物競走、リレーと、家族みんなで楽しめる競技が続きます。

また奥さんたちが喜ぶ抽選会や子どもたちのためのゲーム大会もあり、参加者すべてが何らかの景品を持って帰れる大盤振る舞いのイベントです。

各営業所や有志がこぞって競う出し物も楽しみのひとつです。巨大なデコレーションや恐竜が出現し、会場をわかせます。スケールの大きな仕掛けをつくるために、何日も前から材料集めや組み立てに取り組む社員たちもいるほどです。

運動会のいいところは、社員にとっては家族サービスになるところです。ふだんは忙しくて満足に家族サービスができないお父さん、お母さんも、この日ばかりは終日家族と一緒になって、運動会を楽しむことができます。

また家族にとっても、自分たちのお父さんやお母さんがどういう人たちと働いているのか、会社での姿をかいま見ることができるのは新鮮な発見です。家では見せないお父さん、お母さんの頼もしい後ろ姿を見て、尊敬を新たにする家族もいるでしょう。

社員同士も同僚の子どもたちと家族ぐるみでつきあうことで、連帯感が生まれます。「あいつの子どもは大きくなったな。ことし小学校に上がるのか」など、人の家の子どももわが子と同様に愛情をもって成長を見守れるようになり、会社全体で大きな家族のような一体感が生まれます。

出雲ドームを終日借り切るのは、かなりの出費になりますが、社員とその家族を第一に考えるなら、みんなが毎年楽しみにしている大運動会は絶対にはずせないわが社の一大イベントだと思います。

営業所単位で、「明職会」が主催するイベントもさかんに行われています。季節折々で海水浴やキャンプ、花見、ボーリング大会、映画鑑賞など内容はもりだくさんです。

今の若者は会社の人間とプライベートを一緒にすごすのはいやがるといいますが、島根電工グループはそういうところがまったくありません。やはり会社が家族ぐるみでかかわっている点が影響しているのかもしれません。

どの営業所も非常に家族主義的な温かさがあって、「会社にくるとほっとする」という社員もいるくらい和気あいあいとした雰囲気です。

出雲ドームを借り切って行われる大運動会。社員とその家族約1000名が参加し、毎年、大変な盛り上がりを見せる。

Column

社員の声⑩

社内結婚して家族ぐるみでこの会社のファンになりました。

〈入社20年目・役員〉

――現場のやりがいは？

いい建物をつくって、施主さまから「ありがとう」と言われるときです。私が最初に関わったのはデンタルクリニックの建物でした。竣工後、ご主人と奥さまから招かれて打ち上げをやったのは、たいへんいい思い出です。

――苦労する点は？

最初は現場の仕事はつらかったですが、ＢＢに支えられました。入社５年目に自分がＢＢになったときは、自分もそうしてもらったように、後輩をしっかりサポートしました。

――島根電工グループのいいところは？

家族的なところですね。

私は入社２年目に社内結婚しました。同じように社内結婚する方も多く、会社全体がひとつの大きな家族のようです。とくに運動会は妻と子どもが毎年楽しみにしていて、家族ぐるみで会社に大切にされている実感があります。私の息子も「大きくなったらこの会社に入りたい」と言うので、「今のままのおまえの成績だと無理だよ」と叱咤激励して、勉強させています。

表彰は年三回。社員旅行は自発的にほぼ全員参加。

島根電工グループでは上期、下期、通年の年三回、営業所に対して表彰を行っています。半期で一位になると一人あたり四万円の旅行費用と休暇がでます。六〇人いる営業所なら、二四〇万円の旅行費用が出るわけです。通年で一位になると一人五万円と休暇、二位は四万円、三位は一万円、四位は七〇〇〇円の旅行費用が出ます。半期と通年の両方で一位になれば、一人九万円の旅行費用と二日間の休みがもらえます。

このお金を利用して、各営業所は毎年社員旅行に行っています。表彰されなかった営業所も社員がお金を積み立てているので、そのお金で社員旅行をしています。

毎年、一位になる常連の営業所など、もう国内も海外も社員旅行は行き尽くしてしまって、「行くところがないので、報奨金はいりません」と言ってくるところもあるくらいです。

運動会もそうですが、社員旅行の参加率もほぼ一〇〇％です。法政大学の坂本光司先生によると、社内行事や親睦会への参加率が社員の一体感をはかるものさしになるそうです。

島根電工グループがイベントや社員旅行にほぼ全員参加ということは、社員の一体感や結束力が強い証拠なのかもしれません。

やはり「社員が一番、卸会社・メーカー・下請会社等、関係する会社の社員（社外社員）とその家族が二番、お客さまが三番」という私の考え方は間違っていなかったのだ、と太鼓判を押してもらった気がします。

社員でつくる「明職会」では営業所ごとにさまざまなイベントを行っている。毎年行う社員旅行もそのひとつ。参加率はほぼ100％。

残業しなくていいよう給料に胸の張れる会社にしたい。

当社の社員は会社が大好きです。みな会社に残りたがります。見積もりや集金システムをコンパクトにした「サットくん」を導入して以来、本当の残業は減りましたが、何となく、会社にたむろしておしゃべりしている人間も少なくありませんでした。

ところがあるとき、労働基準監督署の職員が帰りがけにわが社に立ち寄って、「お宅は毎晩電気がついていますね。電気工事屋さんて、電気代が安いんですか」と質問されました。

そしてコンピュータの電源が切られた時間までが残業だと指摘されてしまいました。

どの会社でも、人がいる間はコンピュータの電源が入っています。労働基準監督署の見解では、コンピュータの電源を切ったときまでが勤務時間だ、というわけです。

社員が会社にいて、コンピュータの電源が入っている間は残業。つまり島根電工は社員を大切にする会社だと言いながら、たくさんの社員に残業させている会社だと言われてしまったわけです。

そこで今はどうしているのかというと、定時の五時近くになると、コンピュータの画面に「まもなく定時です」というバーが出る仕組みにしています。このバーは取ろうと思っても取れません。それでもなおかつ残業をしようとすると、大きな幅のバーが出てきます。物理的に仕事をするのが困難な状態になります。

どうしても残業したい社員は、一度コンピュータの電源を切って立ち上げます。そして上司に残業申請をすることになります。

「私は今日残業したいです」と申請すると、上司が「わかりました。では三時間残業してください」と許可を出す。そんな仕組みで残業を許可しています。

また毎週水曜日と金曜日は「ノー残業デー」として、全社員が残業しない日をつくっています。定時は午後五時ですが、五時に仕事を終えるのは大変な人もいるので、余裕を見て六時半までに帰ればいいことにしてあります。

以前は水曜日だけが「ノー残業デー」でした。でもあまり守られていなかったので、守れない部署は業績評価でマイナス査定をすることに決めました。

六時半を一分でもオーバーして人が残っていたら、その営業所はペケです。営業所ごとに達成率を競争するようにしたら、見事に全社六時半には人がいなくなりました。

これに気をよくして金曜日も「ノー残業デー」に加えました。さらに今年（平成二八年）四月一日から月曜日も「ノー残業デー」にしました。ただし、「今年の目標は残業を半分にする」と宣言し、各事業所も今年の方針の中に入れることにしました。

社員の勤務時間は減りましたが、業績は逆にアップしています。仕事に対する取り組み方が変わって、効率よく業務をこなすようになったからです。

私の役目は社員が残業代がなくても十分やっていけるだけの給料を支払うことです。残業代が欲しいから残業をするのは間違っています。

残業をしなくても、ほかの会社より給料がいい会社をつくればいい。その目標に向かって、頑張っています。

平成二八年四月に、組合員平均一万五〇〇〇円のベースアップも実施しました。

Column

社員の声⑪

話好きの社員が多く 中途入社でもすぐ溶け込めます。

〈入社１年目・事務〉

――入社の動機は？

地元の高校を卒業したあと、関西の学校に通って就職し、昨年の夏に島根に戻ってきました。そのため、島根で働くのはほぼ初めてです。話好きな社員が多く中途入社の私でもスムーズに会社になじむことができました。

――島根電工グループのいいところは？

社員とその家族を一番にするという社風です。誕生日のさいにはお祝いをしてもらいました。

以前いた会社でも、先輩社員がお母さん役、姉妹役、メンター役をしてくれましたが、島根電工のＢＢノートのようなノートはありませんでした。毎日教えていただいたことをもう一度整理して、そこへコメントをもらえるので理解を深めることができてとてもありがたいです。

――今後の目標は？

経理は未経験でわからないことばかりですが、財務課の先輩がたに教えていただき、一つひとつ覚えているところです。ひとつでも多くのことを覚えて成長したいと思っています。

家族を大切にしてほしい。そのために有給休暇制度を充実させた。

社員と家族を一番大切にするためには、休暇を取りやすくすることが不可欠だと私は考えています。そのため島根電工グループにはさまざまな有給休暇制度があります。たとえば本人の誕生日には強制的に休まなければなりません。有給休暇があっても、取らない社員がいるので、誕生日には強制的に休ませているのです。

また半日休暇という面白い制度もあります。これは役所に行って届け出をしたり、子どもの参観日など、平日の午前中や午後だけ使いたいときに、一日有給休暇を取るのはムダなので、半日休暇をもうけているわけです。残りの半日もどこかで使って、柔軟な休み方ができます。

ほかにも子どもが誕生したときに取れる出生休暇や、家族の介護で休まなければならないときに一人通算九三日まで取れる介護休業や、子どもの怪我や病気のときに休める看護休暇など、仕事と家庭の調和を支援するためのいろいろな制度をもうけています。

また育児休暇や育児短時間勤務制度など、子育て中の女性社員に対する配慮も行っています。以前、女性社員は結婚して子どもを産んだら、会社をやめなければならない雰囲気があったのですが、今は育児休暇を取ったあと一〇〇%復帰してきます。

なかには子どもを三人産んで、三回も育児休暇を取った女性社員もいます。育児休暇を取ったあと、復帰してくるのが当たり前の風土になっているので、女性も働きやすい職場だと思います。

島根電工グループでは社内結婚が多く、親子、兄弟で入社している社員も少なくありません。法政大学の坂本光司先生によると、社内結婚や家族での入社が多い会社は、社風がよくて、働きやすい、いい会社なのだそうです。

「この会社なら安心だ」と信じられるからこそ、社内で伴侶を選んだり、家族を入社させようと思うのだ、と坂本先生はおっしゃいます。そんな家族的なところも、島根電工グループの誇れるところだと思います。

リストラする経営者は最悪。社員のクビを切るから会社が傾く。

社員を大切にしようと思うなら、社員のクビを切ることなどありえません。

経営者のなかには社員を材料と同じように考えて、コストダウンと同じ感覚で、経営が厳しいからリストラせよという人がいます。

最悪な経営者です。

私に言わせれば、社員をリストラする前に、おまえの財布はどうなんだ？　という話です。そういう経営者に限って、財布の中に万札がいっぱい入っていたり、ブランドものの服を着ていたり、家は大邸宅で、車は外車の高級車という人が多いのです。

冗談ではありません。

島根電工グループでも、バブルがはじけたあと、公共工事がどんどん減って利益が少なくなった時期に、社員をリストラしようという話が出たことがあります。

周囲の建築会社ではみなリストラが始まっていました。「うちも体質改善をしたほうがいいんじゃないか」と役員の間で話が出たのです。

当時、私は専務になりたてでしたが、「絶対にダメだ」と反対しました。社員のクビを切るなんて、とんでもない話です。クビを切る前に、自分が責任をとってやめるべきです。

ほかにも反対する役員がいました。当時、専務の陶山氏です。リストラはとりやめになりました。ですから島根電工では今まで一人もリストラをしたことがありません。不況業種の建設工事会社では誇っていいことだと思います。

家電業界でもリストラをどんどんやりました。アメリカ式の合理的な経営法を導入した会社に多かったように思います。

その結果どうなったかというと、リストラされた社員がライバル会社や新興国の企業に移ってしまい、日本の会社は大打撃を受けました。

ひとつの製品をつくるのに、莫大な開発費がかかります。でもノウハウをもった社員が移った会社は、開発費をかけずに製品をつくることができます。ライバル会社が安く販売できるのは当たり前のことです。

社員を大切にせずに簡単にリストラした結果が、このありさまです。

私は企業の経営者が何億もの報酬を得るのも大嫌いです。島根電工でもコンサルタントを入れて、株式の仕組みについて戦略を練ったとき、コンサルタントから経営者利益についてもっともらしいレクチャーを受けました。

いわく、役員は会社をやめたあとも、自分が得をする仕組みをつくらなければいけない、というわけです。

私たち役員はそんな利益はいらないと言いました。そんなところでもうけたいとは思わないと。しかしコンサルタントや銀行は私たちの言うことが理解できなかったようです。

「だってそのほうが得になるんですよ」と不思議そうに何度も首をひねっていました。

自分だけがもうけようとする経営者は後をたちません。ある大企業の社長は、自分は一〇億もの報酬を受け取りながら、もうからないという理由で、ひとつの町の工場をすべて閉鎖してしまいました。

町に工場がなくなると、働いている人や家族はもちろんのこと、その町のクリーニング屋さんやパン屋さんやラーメン屋さんや、みんながバタバタ倒れてしまいます。

それくらいリストラの影響は大きいのです。たくさんの人たちの生活や人生が変わってしまいます。

それでも自分は平然と一〇億もの報酬をもらい、「コスト削減に成功した」とか「V字回復させたのは自分の手腕だ」といばるのです。

これは欧米流の〝弱肉強食〟の考え方です。強いものだけが生き残り、弱いものは倒される。そして大もうけした富裕層から富が下に流れ落ちれば、世の中全体が豊かになるということは、現実的には起きていません。

でも日本の風土には、こういう食うか食われるかの経営はなじまないのではないでしょうか。

島根電工グループは決してリストラをやらなかった。これは私たちの宝です。この宝を大事に守り、社員を大切にする方針を未来までずっと受け継いでいきたいと思います。

前年比？　みんなが無理なく生活できるだけの利益が出れば十分。

私がよく聞かれるのが、前年比でどれくらい売上が上がっているのかということです。バブル期以降、島根電工グループは一貫して売上を伸ばしています。一度として落ちたことはありません。

しかしながら前年比でどれくらい上がったかということを気にしたことはないのです。それを目標にするからおかしくなる。私は前年比はまったく無視しています。

そんなことは問題ではありません。

島根電工グループには全部で五五〇人の社員がいます。

彼らに十分な給料を払い、生活を保障するために、いったいいくら稼げばいいのか。

それだけが大切です。

私はグループ全体で一〇〇億の売上があって、五億の利益があれば十分だと思っています。

毎年それだけ稼いでいれば、それ以上、積み増しすることはありません。

ただ現実にはそれ以上伸びているので、内心では弱ったな、と思っています。

というのも、社員と社員の家族を大切にしようとするなら、あまり売上が上がってしまっては、彼らが忙しくなって困るからです。

当グループの仕事は受注したら、すべて完成させなければなりません。ほかの仕事なら在庫で取っておいて、あとでやればいいのですが、工事の仕事は受注したら全部やらなければならないのです。

ですからたくさん受注があると、社員たちは残業してこなさなければならなくなります。それでは家族とすごす大切な時間が奪われてしまいます。

毎年、年初にうちのグループの目標を立てますが、平成二七年度は一四四億に設定しました。

平成二六年の実績は一五五億でしたから、前年度より下げた目標でスタートしています。それで十分だからです。

私は社員たちにもうこれ以上、受注してこなくていいし、働かなくていいよ、と言っているのですが、しかし今年は昨年度を上回るペースで売上が伸びています。

平成二六年度に夏の賞与を五カ月プラスアルファー払いました。それだけ利益が出たのです。

ただ社員たちはまた今年も昨年並のボーナスがほしいのかもしれません。

もう仕事を取ってこなくていいよ、と言っても取ってきます。そして喜んでお客さまのところに出かけていくのです。

前年比やノルマでしばっても、会社が伸びるわけではありません。

目先の数字が上がったとしても、社員が疲弊してしまえば、会社もそれ以上伸びません。

私たちは大企業になりたいわけでもなく、上場したいわけでもなく、またその必要もありません。社員が楽しく働いて、家族と幸せに暮らし、働く喜びを感じて生きていければいい。そのために巨万の富は必要ありません。

たとえばこんな話があります。

人間を材料と同じコストとして扱った会社の先は見えているという話をしたいと思います。

島根電工の本社は松江市の中心部、東本町というところにあります。先日その松江市に大きなビルが建ちました。

私たちも設備工事で入りましたが、ここ何十年も経験したことがないほどひどい経験をしました。

とにかく現場では下請け、孫請け、職人たちがお正月も休めず、そのあと休日も取れず、まるで虫けらのように扱われ、工期が遅れに遅れるというひどいありさまだったのです。

私たちは何とか予定通りに工事を終わらせることができましたが、竣工式が終わってから二カ月経ても何社かが工事をやっていました。それでも片づかなかったという、ひどい現場だったのです。工期が遅れたのは下請けの職人たちの責任だと毎日のように罵倒されていました。

設計は日本のトップクラスの会社が引き受け、施工も大手のゼネコンです。

施主は設計も施工も超一流の会社にまかせたのだからと、大船に乗った気分でいたことでしょう。

でも大手の会社が必ず立派なものをつくるのかというと、そんなことはありません。最前線で働く職人やわれわれのような下請けをどれだけ大事にしたかで、できあがりが違ってきます。

われわれだって人間です。自分たちを虫けらのように扱う元請けの下で、誠心誠意、心をこめて、仕事をしようと思うでしょうか。竣工式のあとも、ずっと工事が長引いたのは当然といえば当然です。いい仕事をしてもらおうと思ったら、働く人を大切にしなければなりません。当たり前のことです。

ところが今は欧米流の合理的な経営がもてはやされています。欧米では経営トップだけが巨万の報酬を得て、従業員や取引先はたんなるコストとみなします。

人間が、セメントや配管や鉄筋と同じコストとして扱われるわけです。

さらに欧米では給料を変動費としてみなすそうです。ふつう給料は固定費として扱われるのですが、変動費化すると、正社員を雇わずに派遣社員やパートを雇うことになります。

そうすれば、仕事が少なくなったとき、クビを切ればいいわけですから。
そんなやり方を日本に導入したところで、利益が出る効率的な経営ができるでしょうか。日本には日本の風土に合った経営が必要です。

それは何かというと、従業員と取引先を大切にする経営です。従業員と取引先を会社のファンに取り込むやり方をしなければ、会社は伸びていきません。

いい仕事をさせたかったら、従業員と取引先を大事にしなければならない。その会社が好きで好きでたまらないというファンをつくらなければいけないのです。

ファンをつくると、そのファンが会社をよくしてくれます。

これがもうかる会社のひとつの条件です。

下請けに無理難題を押しつけ、安いお金でこきつかっても、もうけはありません。会社のファンをどれだけつくれるか。それが、会社の命運を握っているといっても間違いないと思います。

第5章

島根から
全国に元気を！

自信をもって息子に事業を継がせてほしい。

「おたすけ隊」のビジネスモデルが成功して以来、島根電工グループは毎年売上を更新し、今も業績は伸び続けています。

しかし建設業界を見回してみると、どこも景気の悪い話ばかりです。全国の同業者の集まりに顔を出しても、聞こえてくるのは愚痴ばかり。とくに中小企業の経営者からは「息子には自分の会社は絶対継がせたくない」とため息だけがこぼれます。

「そんなことはありませんよ。建設設備の仕事ほど面白い事業はありません」と私がいくら力説しても、みな黙り込んでしまうばかり。

そこで私は「うそだと思うなら、松江のわが社にきてみてください。うちの会社を見たら、私の言うことを信じてもらえると思います」と言うようになりました。

「そんなに言うなら、ちょっと松江まで見に行こうか」という仲間も増えてきて、うちを見学すると、きまって「おまえのところのビジネスを教えてほしい」と言われるようになったのです。


私も、何とかこの業界を元気にして、胸を張って「息子に継がせたい」と言えるような魅力あるところに変えていかなければいけない、と思うようになりました。


あるとき、九州のほうのうちより大きな会社の役員が、私に会いたいとやってきました。そしてうちが使っている「サットくん」が欲しいと言ってきたのです。

「サットくん」を譲るのはかまいませんが、

「それを買っただけでは、ビジネスは成功しませんよ」

と、私は釘を刺しました。

「いくら制度や仕組みを真似しても、会社の風土や文化を変えない限り、成功しません。風土を変えるには研修が不可欠です。私が丸二日間、あなたの会社へ行って、社員たちに感動と感謝を伝える仕事や考え方についての研修をしましょう。その研修を受けるなら、『サットくん』を譲ってもいいでしょう」

そしてそのための二日間研修費用一〇〇〇万円と提示しました。

ここまでいろいろ条件をつければ、向こうの会社はあきらめてくれるだろうと思ったからです。


ところがその会社は私の会社に研修費用を振り込んできたのです。お金をもらってしまったら、研修をしないわけにはいきません。私は九州のその会社に行って、うちの社員にしているような研修を行いました。向こうの会社からもうちにきて、何度も指導を受けていきました。


その三年後のことです。私はある会合でその会社の社長に会いました。

「その後、売上はどうですか?」

と私が聞くと、相手は驚いて、

「報告していませんでしたか? うちはそれまで一〇〇万円以下の小口工事の売上はゼロでしたが、御社の研修を受けてから、今は二四億円になったんですよ」


今度は私がびっくりする番です。たった三年で、売上ゼロから二四億に成長したのですから。さらに驚いたことに、その会社は四年目には売上をもっと伸ばして三二億円になる見込みだといいます。

社員を大切にして、お客さまを感動させる商売のやり方はやはり間違っていなかった、と私はますます自信を深めたのです。

一方で、あいかわらず、建設業界の会合に参加すると、ネガティブな話ばかりです。「こんな仕事はいやだ」「やってられない」「自分の代で絶対に終わらせる」とか。

こんなに楽しくて、お客さまからも感謝されて、お金ももうかるやり方があるというのに。九州の会社でうちのやり方が成功したのだとしたら、全国でもそのやり方は通用するかもしれない。

その頃から、全国の設備工事や電気の会社を元気にして、胸を張って息子に継がせるような事業にしたいという夢がふくらみはじめました。

それぞれの地域で地元の建設工事会社が元気になってくれれば、これほどうれしいことはありません。

そのためにはどうしたらいいのか。

私がフランチャイズというやり方を真剣に考え始めたのは、こんないきさつがあったからです。

腐った肉を食べていては、いつまでたっても魅力ある業界にならない。

日本は高齢化が進み、人口はどんどん減っていきます。建設市場も縮小に向かうでしょう。昔ながらの公共事業やゼネコンの大型工事に依存している限り、利益はどんどん少なくなります。

平成四年度のピーク時に建設投資は八四兆円ありました。ところが平成二三年には四二兆円まで減っています。今は少し持ち直して、五〇兆円弱といったところでしょうか。

公共事業のほうもピーク時の平成七年には三五兆円あったものが、平成二三年には一七兆円に半減しています。

東日本大震災などがあって公共事業が増え、平成二七年には二〇兆円に上がってきましたが、それでもピーク時と比べると、仕事の減り方は顕著です。

建設事業にじゃぶじゃぶお金が注がれる時代は終わりました。どの自治体もゼネコンもギリギリの予算で工事を発注します。その工事が一次下請け、二次下請けと流れてくるにしたがって、利益の幅はますます薄くなってきます。

そして私たちのように中小の小さな設備会社に下りてくる頃には、完全に利益は食いつくされて、肉は腐った状態になっています。腐った肉を食べている限り、経営は苦しいまま。

それでも腐った肉を食べ続けますか？　ということです。

さらにおそろしいのは、人手不足、後継者不足の問題です。平成一五年の小泉内閣は公共事業を毎年三％ずつ減らしていきました。そんなことをやられたら、こわくてとてもじゃありませんが、新しい従業員を採用できません。

ですからこの業界はずっと従業員が補充されない状態が続いてきました。国土交通省のデータによると、現在、六〇歳以上の建設技能労働者の数は五二万人。全体の約一八%に達しています。

一〇年後にはこの大半が引退することになります。このとき、将来を支えるであろう三〇歳未満の若年建設技能労働者は、今のままの状態ではわずか三%しか存在していないことになります。

一定の能力を備えた技術者を育成するためには、だいたい一〇年は見ておかなければいけません。だとしたら今から早急に若い人材の確保と教育が必要なのです。

しかし建設業界が腐った肉ばかり食べていると、若い人たちはこの業界に入ろうとは思いません。経営者すら、自分の息子を継がせたくないという業界に、優秀な人材が入ってくるわけはないのです。

何とか全国の同業者が頑張って、建設業を魅力ある業界に変えていかなければ、この業界の未来はありません。でも今なら変えることはできると思います。

そのためには腐った肉を食べない。新しいビジネスに転換することが必要です。

島根電工グループでは将来を見すえて毎年三〇名の採用をずっと続けています。採用された新人たちはほとんどやめていません。

それでも人手不足になるほど、私たちの会社には仕事がたくさんあります。

人口一三〇万人足らずのこの地域で、県民所得ランキング最下位の鳥取県とビリから二番目の島根県というこの二県で、高齢化が進み、建物も建たないこの地域でできて、ほかの地域でできないわけはありません。

同業者を元気にして、建設業界を魅力あるところに変えていく。これが私の目標であり、フランチャイズを始めた大きな理由でもあります。

高齢者の引退、若年者の入職減

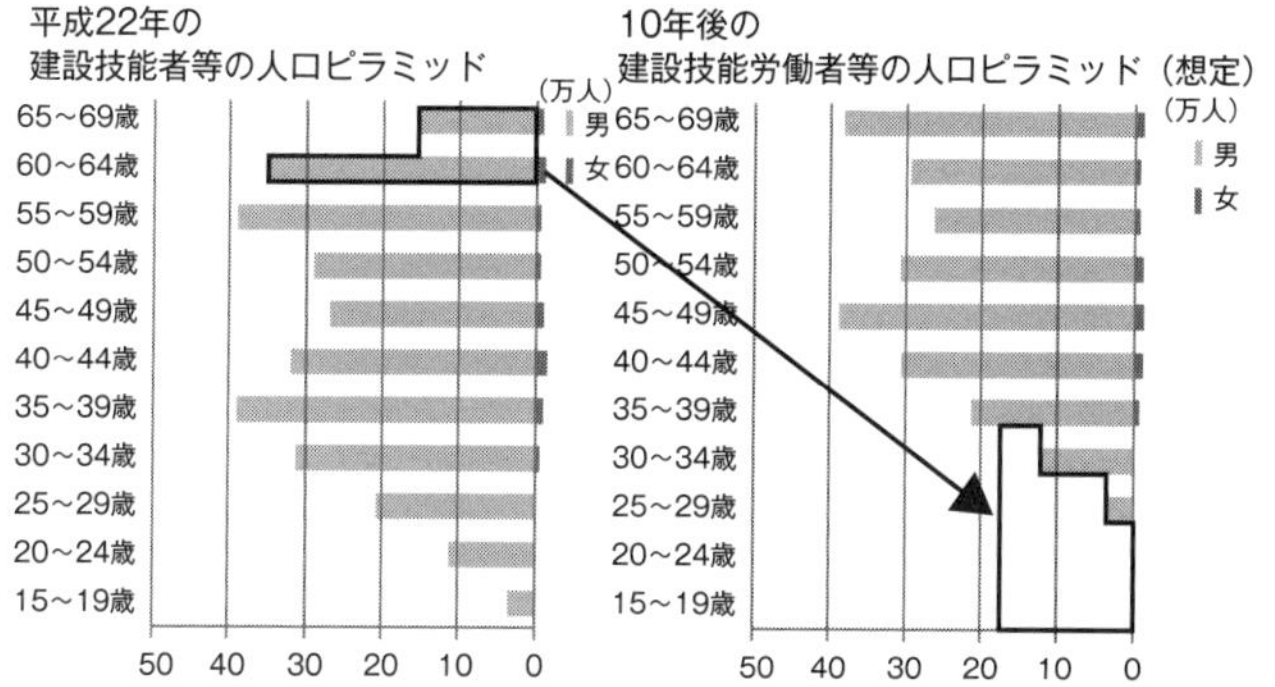

出典：総務省「国勢調査（2010年）」

これだけの技能労働者を、
若年入職で補填しなければならない
（国土交通省　資料より）

現在18％を占める60歳以上の建設技能者が10年以内に引退すると、労働者の不足は深刻になる。

社は江戸時代を勉強していた。

〈株式会社青電社・北原直樹 代表取締役〉

社自体が大きく変わる必要があると感じました。まず自分自身が変わって自社の社員が進むべき道を指し示していかないといけないと考えました。

加盟して何がいちばん変わったかと考えると『自分の気持ち』です。やはり自分がいちばん荒木社長の話を聞いたり、ＦＣ本部から発信されるいろいろな資料を目にします。その中で『社員がいちばん大切』『社員のために』という思いが自分の心の中に残り、そのようにしたいと気持ちが変わりました。

今後の目標は「住まいのおたすけ隊」を通じて会社を発展させるうえで、本社だけではなく営業所を出店して営業範囲を広げることです。やはり、腐った肉と言われている、安い仕事をできるだけ取らないようにして、エンドユーザーとの仕事の割合を増やしたいと思っています。こちらから提案できるような仕事をこれからは取っていきたいと考えています。

Column

加盟事業者の声①

島根電工グループは現代史、わが

荒木社長が講演会の中で、腐った肉の話をされたとき、まったくその通りだと感じました。

決断したのは、見学会の帰りの新幹線の中でした。セミナーに参加した後、本部の見学ツアーに参加しました。カルチャーショックを受けつつ見学会からの帰りの新幹線の中で、同行した部長と話をしました。

「倉庫一つ、社員一人ひとりをみてもわが社とは違うな。どうしてわが社はできていないのか」。

フランチャイズに加盟すればいろいろなノウハウを提供してもらえると思い、加盟を決心しました。

導入研修では島根電工グループとわが社とのギャップを感じました。例えていうと、島根電工グループは歴史の授業で、現代史を習っているのに対し、わが社は江戸時代を勉強しているのかと思うくらいギャップを感じました。島根電工グループでは当たり前のことが、わが社ではできていない。

ここまで違うと、そのギャップを埋めるためには会

成功確率が四割でも挑戦。お客さまのためになると確信がもてるなら。

ビジネスは思いついたら、すぐ実行に移さなくてはダメです。計画を練って、七割、八割大丈夫だと思ってからやろうとする人が多いのですが、そんなことをしているからチャンスを逃してしまうのです。

私が社員によく言うのは、成功の確率が四割、五割あるなら、やればいい。やってダメだと思ったら、すぐ引き返せばいいのだから。失敗する人は、ダメだと思っても進むから失敗するのです。

中国で、人がどんどん押し寄せて、大きな桟橋がドスンと落ちてしまった事件がありました。橋がミシミシ鳴り始めた時点で引き返せば、事故にはまきこまれなかった。

危険な徴候があっても、そのまま突き進むから橋ごと落ちてしまうのです。

島根電工グループでは社員が「やりたい」と言ったことはたいていのことはやらせます。「失敗したら、俺が責任を取る。だからやってみろ」と言うと、みんな勇気づけられて挑戦します。その結果、失敗してしまうこともありますが、「なんでこんなことをやったんだ！」という叱り方はしません。

そんなことをしたら、みんな挑戦しなくなります。

失敗するのは、ほとんどが撤退すべきタイミングをあやまるからです。桟橋が人の重みでミシミシ鳴り始めるように、失敗するときはさまざまな徴候があらわれます。でも若いとなかなかその徴候に気づけません。徴候に気づけるのは、長年の勘と経験と度胸があるからです。

しかし経験が浅い社員でも、ちゃんと徴候に気づくことができます。それはお客さまの様子を見ていればわかります。お客さまが本当に求めているのは何なのか、たえずそれを考え続けていれば、おのずと見えてくるのです。

「これはお客さまのためになる」と確信がもてるなら挑戦したほうがいい。つねにお客さまを忘れなければ、チャレンジを恐れることはありません。

一対一の戦いで勝負！弱者でも大手に勝てるランチェスター経営を実践。

「うちは地域に強力なライバルがいるから、とても無理」「大手にはかなわない」と最初からあきらめている同業者もいます。たしかにライバルの存在は大きいと思います。でも弱者でも十分勝つ方法があります。

ランチェスター経営という言葉を聞いたことがありますか？

戦闘能力を数値化する経営法のことです。私はまさにこのやり方で電力会社系大手との戦いに勝ったことがあります。

まだ私が四〇代の頃でした。当時私は出雲営業所の所長を務めながら、出雲営業所の近くの三刀屋という場所に「雲南出張所」（現雲南営業所）をつくりました。

三刀屋は私の生まれ故郷です。地の利もあって、親戚や知り合いも多いので、「ここは楽勝だな」と思ったのです。

ところが出張所を出してわかったのですが、この地域はとある電力会社の関連会社のA電工の牙城でした。雲南だけで社員が一五〇人もいるのです。

かたや私が率いる「雲南出張所」は所長一人と事務の女性一人の二名だけ。

これを戦闘能力を数値化するランチェスターの法則にあてはめてみます。ランチェスターの法則とはこうです。

攻撃力 ＝ 兵力数（社員数）^{2} × 武器効率

これにA電工と島根電工をあてはめてみます。なお武器効率は、A電工はかりに「二」に、島根電工はちょっとレベルを上にして「三」にしてみました。するとこんな計算になります。

A電工の攻撃力＝150人^2 × 2 ＝ 45000

島根電工の攻撃力＝2人^2 × 3 ＝ 12

四万五〇〇〇対一二では、およそ勝ち目がありません。こんなところで戦っても、ハナから負けることが、ランチェスターの法則からわかります。

でもそのとき、ふと思いました。

北ベトナムとアメリカが戦ったベトナム戦争のことです。最新式の兵器と何百万人の兵隊を持つアメリカ軍と、貧相な武器しか持たない少人数のベトコンが戦って、北ベトナムが勝ってしまいました。

ランチェスターの法則にあてはめたら、絶対勝てない戦争です。

しかしよく調べたら、ランチェスターの法則には弱者が勝利するための「一騎打ち」の法則があったのです。局地戦であれば、兵力は一対一の戦いになります。ランチェスターの法則にあてはめるとこうなります。

A電工の攻撃力＝1人×2＝2
島根電工の攻撃力＝1人×3＝3

つまり一対一の局地戦なら、うちのほうが強い。武器効率が「三」ではなく、もっと優秀な「四」や「五」の人材を投入すれば、さらに攻撃力は増します。

つまり弱者が大手に勝つには、一対一の局地戦に持ち込んで、相手より優秀な社員を投入すればいいのです。

ベトコンがジャングルの中の一対一のゲリラ戦でアメリカ軍をやっつけたように、島根電工も特定の地域、特定の商品で局地戦に持ち込めば十分勝てる。私はそう確信しました。

そこからは一対一の戦術で、ひたすら地域ナンバー一をめざしました。

たとえば東京でいうと、二三区全部でやれば、C電工には絶対勝てません。でも世田谷区の三軒茶屋とか用賀とか小さな地域で、特定の商品、温水器なら温水器だけに特化して売れば勝つことはできます。

そうやって局地でナンバー一になることを続けていったのです。一つや二つの地域でナンバー一になっても、大手はまだ気がつきません。

雲南には一〇の町村がありましたから、最初はまったく気づかれませんでした。三つくらいの町村で島根電工が勝ち出すと、ようやく相手は「最近、島根電工という会社がうろうろしているらしいな」というくらいの認識になりました。

でも四つ、五つ勝ち出すと、「島根電工という会社は何者だ?」「また島根電工が出てきたか！」と恐怖になってきたのです。

さらに島根電工はお客さまに感動してもらうためのいろいろな仕掛けもしていました。たとえば仕事のキーパーソンとなる相手にちょっとしたプレゼントを持っていくのです。このとき注意したのは現金や商品券を持っていくと受け取らない人もいることです。

ですから相手の負担にならないよう、山のほうの人だったら、海の市場で買ってきた魚を「昨日、社員が釣ってきたものです」と手渡し、海のほうの人だったら、「道の駅」で買ってきたわさびを、「母が裏山で採ったわさびです」と言ってさしだしました。

「買ってきたもの」と言うと、相手もお返しをしなければなりませんが、「山で採ってきた」とか「海で釣ってきた」と言えば、喜んでもらってくれます。

こんなふうに丁寧な心配りをしながら、地域をしぼったサービスを展開していくと、大手の牙城は崩せます。

大手がいる場所で大手のやり方で戦っていても、大手には勝てません。弱者には弱者の戦い方がある。昔ながらのやり方を捨てて、弱者の戦い方に踏み切れば、大手に十分勝てるのです。これは私の経験則からも断言できます。

Column

加盟事業者の声②

会社と社員が同じ目標を共有、達成する体制づくりに。

〈河野電気株式会社・南 公憲 代表取締役社長〉

きっかけは専門誌の巻頭記事を読んだこと。最初は「本当にできるのか」と思いましたが、実績が挙がっていることに驚きセミナーに参加しようと考えました。

講演会を聴いたときに、「住まいのおたすけ隊は非現実的なものではない」と感じました。この時点で、絶対に加盟しようと心に秘める一方で、FC への加盟費用等、検討する課題もありましたので、社内で検討を進めて加盟にいたりました。

当社は数字の面では今のところ比較的順調な結果を残しています。しかし、将来を見据えた時に、さらに上のレベルの会社を目指したいと強く思っていました。小口・提案工事の拡大も大変興味深いのですが、それに加えて会社組織づくりの面を大いに参考にしたいと考えています。

社員の出した結果を組織として正当に評価し、さらなる成長を促すような仕組みをつくりたいのです。会社の理念を達成するべく、住まいのおたすけ隊を全力で活用したいと思っています。

「どうやったら成功しますか」「それはあなたがやめることです」

島根電工グループが伸びている話をすると、「それはあなたが社長だからでしょう」「あなたのところの社員が優秀だからでしょう」「あなたのところは社風がいい。うちにはあんなにいい風土はない」と言われます。

そんなとき、私はこう答えることにしています。

「成功する方法をお教えしましょうか」

「はい。ぜひ教えてください」

「それはあなたがやめることです」

ちょっと強烈ですが、冗談めかしてそう言うと、相手はようやく気づきます。

「あなたの会社の文化や風土は、経営者であるあなたがつくっているんですよ。だから会社を変えたかったら、まずはあなたが変わることですね」

そうやって経営者の意識を変えていくと、徐々に会社の文化や風土が変わっていきます。


私の会社では、全国の同業者のみなさんに元気になってもらうためにフランチャイズを始めました。でもただ仕組みを教えるフランチャイズではありません。

何度もくり返して言いますが、仕組みややり方だけ導入しても、会社の文化や風土が変わらなければうまくいきません。

島根電工のノウハウやシステムすべてを真似しても、決してうまくいかないのです。うちが成功できたのは、長い時間をかけて醸成してきた企業文化があったからです。この文化が育たない限り、成功はありません。

ですからフランチャイズの研修でも、企業文化の育成にとくに力を入れています。その妨げになるような経営者がいたら、会社を去ったほうがいい。そこまで強烈に言われると、やっと目が覚める経営者もいます。

今、日本には個人、法人を合わせて四二〇万社の会社があるといわれています。その七三％が赤字です。日本の企業の九割は中小企業なので、その大多数は赤字だと思っていいでしょう。

そして経営者の多くは赤字の理由を、自分以外の外に求めます。

自分の会社の業績がよくないのは、「景気や政策のせいだ」「こういう業種・業態だからダメなんだ」「企業規模の大きいところに負けるのは当たり前だ」「ロケーションが悪いからダメなんだ」「近くに大型店ができて客をとられたからだ」とか……。

すべて原因は外にある。本当でしょうか。

私はこれを「中小企業の誤解・錯覚・甘え」と呼んでいます。

なぜなら、景気が悪くても、ロケーションが最悪でも、企業規模が小さくても、近くに大企業があっても、絶好調の企業はあるからです。

法政大学の坂本光司先生はよく「二対六対二の法則」とおっしゃっています。

景気がよくても悪くても、業績のいい会社が二割ある。

景気がよくなると、よくなる会社が六割ある。

そして景気がよくても悪くてもダメな会社が二割ある。

それが「二対六対二の法則」です。私たちは最初の二割をめざさなければなりません。どんなにどしゃ降りの雨の中でも、もうかっている二割の会社があるのだとしたら、その二割にならないとダメなのです。

原因を外に求めている限り、〝最初の二割〟にはなれません。悪いのはすべて「外」にしてしまうと、自分は変える必要がないからです。

外的な要因は自分の力では変えようがありません。変えられるとしたら、自分のほうしかないのです。

どうしたらお客さまがほしいと思ってくれるものを提供できるのか。

どうしたらお客さまに本当に喜んでもらえるのか。

真摯に向き合って、経営者自身が自分を改革していく。

そして会社の文化や風土を変えていく。そこからしか、〝最初の二割〟になる道は開いていかないのです。

もうけるための
フランチャイズではない。
仕組みと文化を全国に届ける。

フランチャイズというと、ふつうはフランチャイズ本部にコールセンターがあって、全国から入ってきた仕事の依頼を、本部から加盟店にふり分けるという形を想像するかもしれません。そして材料は本部から買って、本部は材料費から利益を搾取するというフランチャイズもあるようです。

現に私たちがコンサルタントを入れて、フランチャイズの仕組みをつくろうとしたときは、そういうやり方をすすめられました。

「そうしないともうかりませんよ」というわけです。

しかし、私たちはもうけるためにフランチャイズをやろうとしているわけではありません。うちは五億もうかれば、社員全員が十分食べていけます。本業で、もうそれだけの利益はあげているので、これ以上もうける必要はありません。

そんなことより、建設業界を魅力あるものにして、後継者ができるように、そしてみんなが元気になって、ついでにうちのファンもできれば、みんながハッピーです。そのためにフランチャイズを始めたのです。


ですから形としては加盟した会社とその地域のお客さまとで、今まで通り仕事のやりとりを続けてもらいます。その仕事のやり方について、うちのほうでノウハウを提供したり、側面からいろいろとサポートをするわけです。

ここでもっとも重要になってくるのが、何度も言っている会社の文化や風土です。これをつくってもらわない限り、いくら仕組みや制度を真似してもうまくいかないので、加盟店になる意味がありません。

島根電工グループの加盟店になるということは、社員を大切にして、お客さまに感動をもたらすサービス業の会社になるということです。そういう風土をつくってもらうということです。

そのため加盟店になる会社には、必ず私たちの研修を受けてもらうことになっています。それも一回、二回の簡単な研修ではありません。最初は松江の本社を見学にきて、うちの仕組みや会議や社員の様子をつぶさに見たり、講義を受ける一週間の研修を受けてもらいます。

その後も加盟店の社員向けに、うちの社員にするような「何のために生きるのか」「仕事とは何か」という人間教育を行います。この研修を受けることを前提にフランチャイズ契約を行っています。

なぜならそこに共感してもらわないことには、企業文化や風土は変わっていかないからです。基本的にはうちの社員に行うのと同じような研修を受けてもらうと考えていいでしょう。

そうやって土台となる風土をつくってもらいながら、その地域、その会社に合ったやり方をサポートしていきます。言ってみれば、経営コンサルタントのようなフランチャイズです。

画一的なマニュアルを押しつけたり、材料費で利益を搾取したり、本部で一方的に仕事を割り振ったりするフランチャイズとは一線を画した、まったく新しいフランチャイズだと思います。

フランチャイズに加盟するためには東京、大阪で行われるフランチャイズ説明会参加に加え、島根県松江にある本社での研修が義務づけられている。

山陰だけは守る。ノウハウを教えてもライバルにはならない。

私たちのフランチャイズは、本当に惜しげもなくノウハウを提供しています。島根電工グループが長い時間とお金をかけて蓄積してきた企業秘密のようなノウハウもオープンにしています。「サットくん」もそうですし、三カ月、六カ月先の経営進度管理や物件情報管理ができる情報システムも提供します。

「そんなことをしたら商売敵に塩を贈るようなものじゃないですか」

と言われることがよくあります。でもそれは違います。

島根電工グループが全国に拡大しようと思ったら、確かにフランチャイズの加盟店はライバルになります。でも私は島根県、鳥取県がある山陰地方以外の地域に出ていく気はありません。なぜなら、山陰を出ると、必ず前からそこにいた同業者と戦いになるからです。私はけんかはしたくありません。

全国にはその地域で町の電気屋さん、工事屋さんがいます。彼らが自分たちの地域でナンバー一になればいいのです。私たちはそこには営業所をつくらないので、商売敵にはなりません。

そのかわり、山陰地方にエリアを広げてくる会社があれば、「撃ち殺しますよ」と宣言しています。私もあなたがたの地域には行かない。あなたがたも山陰にはこない。そしてあなたがたが元気になって、社員とお客さまを大切にする文化を広げてくれれば、私たちはそれでいいのです。

フランチャイズを希望する事業者向けに行われる説明会では、風土や文化の大切さが強調される。

後継者育成と高齢者雇用。一挙両得で会社の財産！

フランチャイズの加盟店には必ず一事業者につき一人のスーパーバイザー（ＳＶ）がつきます。スーパーバイザーは定期的に加盟店を訪問して、日常業務の運営から経営課題にいたるまで相談にのります。

スーパーバイザーは島根電工グループの役員や営業所長が担当します。ただでさえ、自分の部門のマネジメントで大変なのに、さらに加盟業者の経営コンサルタントもするわけです。大変な仕事です。でもこの大変さが財産になります。

加盟店にはいろいろな社長がいます。抱えている問題もさまざまです。でもそうした問題に対処しているうちに、スーパーバイザーのマネジメント力がものすごくアップしてくるのです。

「加盟店の社長や社員が全然言うことを聞いてくれないんです」

とこぼすスーパーバイザーには、

「そうだろう？　僕の苦労がわかるだろう？　君たちがやっていることは、毎日僕がやっていることと同じなんだから」と笑顔で答えるようにしています。

まさにその通りで、スーパーバイザーの仕事は将来の経営者を育成しているようなものです。加盟店の社長と一緒にさまざまな経営課題を解決することで、スーパーバイザー自身も経営者としての経験が蓄積できるのです。

さらにスーパーバイザーが加盟店サポートのため、自分の営業所や部門を留守にしている間はその部門のナンバー二が組織をとりまとめます。つまり社内でもナンバー二が組織のマネージャーとして育っていきます。

結局、スーパーバイザー制度は、自社の組織の後継者を育成するのに大変役立つ制度なのです。会社を存続させるためには、良き後継者を育てることが重要です。どんなに素晴らしいリーダーがいても、後継者が育たなければ、その企業は一代で終わってしまいます。

スーパーバイザーが、加盟店のみなさんのさまざまな問題を解決して経験を蓄積していけば、それは島根電工グループの財産となって、後継者に受け継がれていくことになります。

スーパーバイザー制度のもうひとつの利点は高齢者雇用になることです。島根電工グループの定年は六五歳ですが、役職者で本人が希望すれば、スーパーバイザーとして会社に残します。

豊富なマネジメント経験があるのに、六五歳になったからとリタイヤしてしまうのはもったいない限りです。かといって、ずっと組織に残り続けると、若手が育ちにくくなります。

定年を機にスーパーバイザーとして新しい仕事に挑戦してもらうことは、本人のモチベーションアップになりますし、能力をフルに活かすチャンスにもなります。

また若い社員にとっては、六五歳を過ぎても生き生きと活躍しているロールモデルができるので、安心してこの会社で働こうという気になります。

このようにスーパーバイザー制度は加盟事業者にとっても、私たちにとっても、とてもうまく機能している仕組みなのです。

Column

加盟事業者の声③

目からウロコの連続。荒木社長のひと言が決定打に。

〈株式会社星電業社・矢儀圭司 代表取締役〉

見学会は「目からウロコ」でした。当たり前のことを当たり前にしている。島根電工の社員の皆さんに活気があるところが印象的でした。非常にオープンな会社であるところも印象が深かった点です。おもてなしの心や常にお客さまに感動をという気持ちがとてもよく伝わってきました。中小企業にはなかなかできない社員教育がとても充実しているところに感心しました。

セミナー・見学会に参加した時点で８割がた加盟しようと考えてはいましたが、最後の一押しは講演の内容でした。「一番大切にしなければならないのは社員である」。この言葉に共感しました。いかに会社が儲けるかというものが多いのですが、一味違った講演会なので、ぜひ聞いていただきたいです。

今回「住まいのおたすけ隊」を始めたことで、周りの一般顧客にカタログやチラシを直接配る機会ができました。すると「小さい工事もするんですね」と言われています。少しずつ小口が増えていけばいいと思っています。

「大口工事を取ってくる営業がスター」という文化を変えたかった。

ひとくちに「文化を変える」と言っても簡単なことではありません。今までやっていた公共工事の入札とゼネコンや工務店への御用聞き中心の営業から脱却して、一般家庭から直接受注をもらう営業に切り換えていくのは容易なことではないのです。

そこには価値観の大きな転換が必要です。私も大口の件名工事から小口工事に舵を切るときはとても苦労しました。

島根電工グループでは大口の工事の契約を取ってくるのが優秀な営業マンでした。ですから営業マンが官庁やゼネコンから大きな図面を持って帰って、「見積もりがきました」というと、みんな大喜びでした。

そして少々赤字でも大口が受注できると、「やったあ。一億か」と所長も大きな声で喜ぶし、受注してきた営業マンはまさにスターになります。

そんな雰囲気の中では、小さな仕事を取ってきた営業マンはとても「三万円の工事を取ってきました」とは言えません。すると、ますます営業マンは大口の仕事のほうに力を入れてしまって、小さな工事には見向きもしなくなります。

でも大口の工事を取るのはルート営業でできます。役所やゼネコンのルートに乗っていれば、極端な話、誰でも取れる受注です。

一方、小口の仕事はほとんどが一般家庭やエンドユーザーが対象ですから、ルートではなく新規開拓です。そちらのほうが新しい顧客を創造するという意味でははるかに価値があります。


大口の工事のほうが偉いのだ、という文化を変えるために、私は各営業所の所長にこう伝えました。

「営業が大口の仕事を取ってきたら、部屋の外で喜べ。小さい声で二人だけで喜べ。大声で『取ったぞ〜』とは言わないように。そして新規開拓で小口工事を取ってきた営業をスターにしろ」

そうやって、新規開拓や提案営業の評価を高めていったら、みんなが一生懸命、小口の提案営業を始めたのです。

もちろん最初はみんな不安がりました。提案しても、すぐには実らないこともありますし、金額が小さいので、売上も伸びません。

でも上に立つ人間が「数字や金額を気にするな。とにかく提案をして、新しい顧客を創造する人間が偉いのだ」という価値観を浸透させるようにしたら、だんだんに小口工事がメインになっていったのです。

こんなふうに、会社の文化を変えるには、まず上に立つ人間が価値観を変えていかなければなりません。会社のトップは経営者です。ですから経営者が変わらないとダメなのです。

フランチャイズは経営者が対象です。経営者を変えれば、文化は変わります。経営者を変えて、この文化を全国へ。これが私たちがめざすところです。

おわりに

会社の未来は、これからの人たちに託したい。

会社の社長をしていると「将来のビジョンを教えてください」「これからどんな会社にしたいですか」という質問をよく受けます。

私は「わかるわけがありません」と答えています。

なぜなら一〇年先に世の中がどうなるか、誰にもわからないのに、この先どうしていきたいかなどとビジョンを答えられるわけがないからです。

今、私が「こうなるべきです」「こうなりたいです」と答えても、世の中は変わる可能性があります。変わる時代に対応できる会社しか生き残っていけないのですから、今の時点で私がビジョンを語っても無意味です。

私が今すべきことは、世の中がどんなふうに変わっても社員を大切にすること、お客さまを大切にする姿勢は変えてはいけないこと。その考え方をちゃんと伝えていくことだと思っています。

そうすれば、変わるべき時代がきたときに、そのときの経営者がどうするのか考えればいいのです。

とにかく大切なのは「それは社員にとって幸せだろうか?」「取引企業にとって本当にいいことなのか?」「お客さまが求めていることだろうか?」ということです。そのことだけを判断基準にしておけば、本質をはずれることはありません。

あとはどんな事業をやろうと、どんな仕組みをつくろうと、そのときの経営者が時代に合わせて柔軟に考えていけばいいのです。


私は未来において電気工事はなくなると思っています。水道工事もなくなるかもしれません。今われわれがやっている設備工事のほとんどはなくなっていくでしょう。

そのとき島根電工グループがどう生き残っていくのかというと、これはもう〝工事屋〟ではなく、「快適な空間を提供する」サービス業として変わっていくしかありません。

そのときに対応できる社員づくりをしておくのが、私の役目だと思います。

そして全国にある同業者が〝腐った肉〟を食べさせられ、「息子には継がせたくない」と泣きながら仕事をするのではなく、「この仕事が楽しくてたまらない」という仕事に変えていくのが私の使命です。

夢とは、手の届かない星をつかむこと。これは『ラ・マンチャの男』の中のドン・キホーテが言ったせりふです。

設備工事がいっさいなくなった世界で、私たち工事業者が「楽しくてたまらない」と言いながら仕事をしている世界。それが私の夢です。

あり得ないと思いますか？

でも人は空を飛びたいと思ったから、飛行機が発明されたのです。月に行きたいと思ったから、宇宙ロケットができたのです。

願い続けていれば、必ず道は開けます。そのためのほんのわずかな一歩でも、私ができることを今から進めておく。

それが手の届かない星に近づく唯一の、そして確実な方法だと思っています。

著者紹介

荒木恭司（あらき・きょうじ）

島根電工株式会社代表取締役社長。

1949年島根県生まれ。1972年島根電工株式会社入社。米子営業所営業課長、出雲営業所所長を経て1996年常務取締役。専務取締役、副社長を経て、2012年代表取締役社長に就任。公共事業受注主体から「おたすけ隊」による小口工事の受注拡大に成功。右肩上がり成長を続け、バブル期よりも売上、利益を2倍に伸ばす。介護・育児、半日休暇などの有給休暇制度を充実させる一方、ノー残業デーを週3日実施、離職率1%を誇る。また、業界活性化を目的とし全国フランチャイズ展開を開始、同業者50社以上の経営支援を行う。

島根電工株式会社を中心として、いずれも同社100%出資のシンセイ技研株式会社、岡田電工株式会社、協和通信工業株式会社から構成される島根電工グループのトップも務める。

島根県立大学理事、一般社団法人日本電設工業協会理事、一般社団法人島根県電業協会会長。


「不思議《ふしぎ》な会社《かいしゃ》」に不思議《ふしぎ》なんてない　〈検印省略〉

2016年　7　月　9　日　第　1　刷発行
2019年　7　月　8　日　第　5　刷発行

著　者——荒木 恭司（あらき・きょうじ）
発行者——佐藤 和夫

発行所——株式会社あさ出版
〒171-0022 東京都豊島区南池袋 2-9-9 第一池袋ホワイトビル 6F
電　話　03 (3983) 3225（販売）
　　　　03 (3983) 3227（編集）
F A X　03 (3983) 3226
U R L　http://www.asa21.com/
E-mail　info@asa21.com
振　替　00160-1-720619

印刷・製本　美研プリンティング(株)
乱丁本・落丁本はお取替え致します。

facebook　http://www.facebook.com/asapublishing
twitter　http://twitter.com/asapublishing

ISBN978-4-86063-888-7 C2034